Guttentag'sche Sammlung
Nr. 18. Preußischer Gesetze. Nr. 18.
Textausgaben mit Anmerkungen.

Preußisches

Stempelsteuergesetz

vom $\frac{26.}{30.}$ Juni 1909.

Mit den bisher erschienenen Ausführungsbestimmungen.

Erläutert durch die Gesetzesmaterialien und vergleichende Hinweise auf die entsprechenden Bestimmungen des bisherigen Gesetzes mit den hierzu ergangenen Entscheidungen.

Von

Geh. Regierungsrat **P. Loeck,**
Reichsbevollmächtigter.

Berlin 1909.

J. Guttentag, Verlagsbuchhandlung,
G. m. b. H.

Inhalt des Stempelsteuergesetzes.

Bekanntmachung, betreffend die abgeänderte Fassung des Stempelsteuergesetzes.

Vom 30. Juni 1909. (GS. S. 535.)

Auf Grund des Artikel V des Gesetzes vom 26. Juni 1909, betreffend die Abänderung des Stempelsteuergesetzes vom 31. Juli 1895, wird der Text des Stempelsteuergesetzes und des Stempeltarifs in der vom 1. Juli 1909 an geltenden Fassung nachstehend bekanntgemacht.

Berlin, den 30. Juni 1909.

Der Finanzminister.
Frhr. v. Rheinbaben.

Stempelsteuergesetz.

Wir Wilhelm, von Gottes Gnaden König von Preußen ꝛc., verordnen, mit Zustimmung der beiden Häuser des Landtags, für den Umfang der Monarchie mit Ausschluß der Hohenzollernschen Lande und der Insel Helgoland, was folgt:

I. Abschnitt.

Von der Pflicht zur Entrichtung der Stempelsteuer.

§ 1.

Gegenstand der Stempelsteuer.

(1) Die in dem anliegenden Tarif aufgeführten Urkunden und die in der Tarifstelle 48 I erwähnten mündlichen Verträge, unterliegen den darin bezeichneten Stempelabgaben.

(2) Stempelpflichtig sind Urkunden, welche mit dem Namen oder der Firma des Ausstellers unterzeichnet sind, insoweit nicht dieses

Gesetz oder der Tarif entgegenstehende Bestimmungen enthält. Den unterschriftlich vollzogenen Urkunden stehen diejenigen gleich, unter welchen der Name oder die Firma des Ausstellers in seinem Auftrag unterschrieben oder mit seinem Wissen oder Willen durch Stempelaufdruck, Lithographie oder in irgend einer anderen Art mechanisch hergestellt ist.

(3) Ergibt sich die Einigung über ein Geschäft aus einem Briefwechsel oder einem Austausche sonstiger schriftlicher Mitteilungen, so wird in der Regel ein Stempel hierfür nicht erhoben. In einem solchen Falle tritt aber die Verpflichtung zur Entrichtung des betreffenden Stempels dann ein, wenn nach der Verkehrssitte über das Geschäft ein förmlicher schriftlicher Vertrag errichtet zu werden pflegt, diese Errichtung indessen nicht stattgefunden hat und von den Beteiligten beabsichtigt ist, durch den Briefwechsel oder den Austausch der sonstigen schriftlichen Mitteilungen die Aufnahme eines solchen Vertrags zu ersetzen.

Vgl. die Anm. zu § 1 des bish. Ges. auf S. 2–4 dieses Buches.

1. Nicht bloß schriftliche, sondern auch mündliche Pacht- und Mietverträge sind fortan stempelpflichtig.

§ 2.

Verhältnis des Auslandes zum Inlande.

(1) Der Stempelsteuer unterliegen auch die von Inländern oder von Ausländern im Ausland errichteten Urkunden über Geschäfte, welche im Inlande befindliche Gegenstände betreffen oder welche im Inlande zu erfüllen sind.

(2) Inland im Sinne dieses Gesetzes und des Tarifs ist der Geltungsbereich dieses Gesetzes.

(3) Auf die nach Abs. 1 zu entrichtende Stempelsteuer kann der in einem anderen Bundesstaate für die Urkunden entrichtete Stempel angerechnet werden, wenn von dem anderen Bundesstaate Preußen gegenüber die gleiche Rücksicht geübt wird. *Allg. V. § 5 Abs. 4.*

Vgl. die Anm. zu § 2 des bish. Ges. auf S. 5—7 dieses Buches.

1. Die Anrechnung erfolgt in allen Fällen, wenn von dem andern Bundesstaat nur tatsächlich die gleiche Rücksicht geübt wird. Vgl. § 5 Abs. 2 d. G.; AH. 09 S. 7109.

§ 3.

Allgemeine Grundsätze über die Stempelpflichtigkeit.

(1) Die Stempelpflichtigkeit einer Urkunde richtet sich nach ihrem Inhalte.

(2) Für die Stempelpflichtigkeit ist die Hinzufügung von Bedingungen, die Wiederaufhebung und die unterbliebene Ausführung des Geschäfts — vorbehaltlich entgegenstehender Bestimmungen des Gesetzes oder des Tarifs — sowie die Vernichtung der Urkunde ohne Bedeutung.

(3) Urkunden, in denen ein Geschäft nur in der Form der Verdeutlichung oder Begründung einer anderen Erklärung erwähnt wird, sind in Ansehung jenes Geschäfts stempelpflichtig, wenn die Absicht auf die Beurkundung desselben gerichtet gewesen ist.

Vgl. die Anm. zu § 3 des bish. Ges. auf S. 7—9 dieses Buches.

§ 4.

Sachliche Stempelsteuerbefreiungen.

(1) Von der Stempelsteuer sind befreit:

a) Urkunden über Gegenstände, deren Wert nach Geld geschätzt werden kann, wenn dieser Wert 150 Mark nicht übersteigt, insoweit nicht der Tarif entgegenstehende Bestimmungen enthält;

b) Urkunden, welche wegen Bestimmung des Betrages öffentlicher Abgaben und Einziehung derselben und überhaupt wegen Leistungen an den Fiskus des Deutschen Reichs oder des Preußischen Staates infolge allgemeiner Vorschriften aufgenommen oder beigebracht werden müssen, sofern sie allein zu diesem Zwecke dienen;

c) die auf die Heeresergänzung und die Befreiung von dem Heeresdienste sowie von den Reserve- und Landwehrübungen bezüglichen amtlichen Urkunden;

d) die von der Auseinandersetzungsbehörde und deren Abgeordneten oder im Auftrag und auf Ersuchen derselben von anderen Behörden wie auch in den vorgesetzten Instanzen gepflogenen Verhandlungen, und zwar sowohl über den Hauptgegenstand der Auseinandersetzung als auch über die damit verbundenen Nebenpunkte, einschließlich aller hierzu gehöriger Urkunden, desgleichen Urkunden, die von anderen Behörden auf Antrag der Parteien ausgestellt werden, sofern sich letztere über die ihnen von der Auseinandersetzungsbehörde oder einem Abgeordneten derselben gemachte Auflage zur Beibringung solcher Urkunden ausweisen;

e) Urkunden wegen Besitzveränderungen, denen sich die Beteiligten aus Gründen des öffentlichen Wohles zu unterwerfen gesetzlich verpflichtet sind (Enteignungen), ohne Unterschied, ob die Besitzveränderung selbst durch Enteignungsbeschluß oder durch freiwillige Veräußerungsgeschäfte bewirkt wird;

f) Abschriften, Auszüge und Bescheinigungen jeder Art aus den bei der Katasterverwaltung geführten beziehungsweise aufbewahrten Karten und sonstigen Schriftstücken;

g) Verfügungen und Verhandlungen der Schiedsmänner, soweit die Stempelpflichtigkeit derselben in der Tarifstelle „Vergleiche" nicht ausdrücklich angeordnet ist (vergleiche auch § 13 Buchstaben a*) und § 15);

h) alle Urkunden über Gegenstände, denen durch frühere Gesetze oder landesherrliche Privilegien Stempelfreiheit bewilligt worden ist.

(2) Die Befreiung zu a findet auch auf diejenigen Vollmachten Anwendnng, aus deren Inhalt der Wert des Gegenstandes nicht ersichtlich ist, sofern nachgewiesen wird, daß der Wert den Betrag von 150 Mark nicht übersteigt. *Allg. V. § 5 Abs. 1.*

Vgl. die Anm. zu § 4 des bish. Ges. auf S. 11—13 dieses Buches.

§ 5.

Persönliche Stempelsteuerbefreiungen.

(1) Von der Entrichtung der Stempelsteuer sind befreit:

a) der König, die Königin und die Königlichen Witwen;

b) der Fiskus des Deutschen Reichs und des Preußischen Staates und alle öffentlichen Anstalten und Kassen, welche für Rechnung des Reichs oder des Preußischen Staates verwaltet werden oder diesen gleichgestellt sind;

c) deutsche Kirchen und andere deutsche Religionsgesellschaften, denen die Rechte juristischer Personen zustehen;

d) öffentliche Armen-, Kranken-, Arbeits- und Besserungsanstalten, ferner öffentliche Waisenhäuser, vom Staate genehmigte Hospitäler und andere Versorgungsanstalten, ferner vom Staate genehmigte Vereine für die Kleinkinderbewahranstalten sowie Stiftungen, welche als milde ausdrücklich anerkannt sind;
Allg. V. § 5 Abs. 2.

e) öffentliche Schulen und Universitäten;

f) Gemeinden (Gutsbezirke) und Verbände von solchen in Armen-, Schul- und Kirchenangelegenheiten;

---

*) Jetzt § 13 Abs. 2.

g) Aktiengesellschaften, Genossenschaften und Gesellschaften mit beschränkter Haftung, deren durch Statut bestimmter Zweck ausschließlich darauf gerichtet ist, minderbemittelten [1] Familien oder Personen [1] gesunde und zweckmäßig eingerichtete Wohnungen in eigens erbauten oder angekauften Häusern zu billigen Preisen zu verschaffen, und deren Statut die an die Gesellschafter zu verteilende Dividende auf höchstens vier Prozent ihrer Anteile beschränkt, auch den Gesellschaftern für den Fall der Auflösung der Gesellschaft nicht mehr als den Nennwert ihrer Anteile zusichert, den etwaigen Rest des Gesellschaftsvermögens aber für gemeinnützige Zwecke bestimmt. *Allg. V. § 5 Abs. 3.*

Sofern eine dieser Gesellschaften oder Genossenschaften ihr Statut und damit zugleich ihren Zweck in der Weise ändert, daß die vorstehend angegebenen Voraussetzungen nicht mehr zutreffen, können alle Stempelbeträge, die mangels einer Befreiung fällig geworden sein würden,[2] nachträglich binnen Jahresfrist eingefordert werden.[2]

(2) Dem Staatsoberhaupt und dem Fiskus anderer Staaten als des Deutschen Reichs und des Preußischen Staates sowie den öffentlichen Anstalten und Kassen, die für Rechnung eines solchen anderen Staates verwaltet werden oder diesen gleichgestellt sind, und den Chefs der bei dem Deutschen Reiche oder bei Preußen beglaubigten Missionen kann die Stempelsteuerbefreiung gewährt werden, wenn der betreffende Staat Preußen gegenüber die gleiche Rücksicht übt. *Allg. V. § 5 Abs. 4.*

(3) In den Fällen zu d bis g erstreckt sich die Stempelsteuerbefreiung nur auf inländische Anstalten, Stiftungen, Vereine usw. Diese Befreiung kann jedoch auch ausländischen Anstalten, Stiftungen, Vereinen usw. gewährt werden, wenn der auswärtige Staat Preußen gegenüber die gleiche Rücksicht übt. *Allg. V. § 5 Abs. 4.*

(4) Die außerdem gewissen Personen, Behörden, Gesellschaften, Anstalten, Stiftungen, Vereinen usw. durch frühere Gesetze oder landesherrliche Privilegien bewilligten Steuerbefreiungen bleiben auch fernerhin in Kraft.

(5) Die nach den vorstehenden Bestimmungen von der Stempelsteuer befreiten Personen, Behörden, Gesellschaften, Anstalten, Stiftungen, Vereine usw. sind nicht befugt, diese Befreiung den Privatpersonen, mit welchen sie Verträge eingehen, einzuräumen, wenn diese

Personen an sich nach gesetzlicher Vorschrift zur Entrichtung des Stempels verbunden sind.

(6) Bei allen zweiseitigen Verträgen mit solchen Personen muß für den Vertrag die Hälfte des Stempels und für die Nebenausfertigungen außerdem der vorgeschriebene Stempel (§ 9) entrichtet werden.

(7) Bei Verträgen über Lieferungen an den Fiskus des Deutschen Reichs oder des Preußischen Staates und alle öffentlichen Anstalten und Kassen, welche für Rechnung des Reichs oder des Preußischen Staates verwaltet werden oder diesen gleichgestellt sind, hat der Lieferungsübernehmer den vollen Betrag des Stempels zu entrichten.

Allg. V. § 5 Abs. 1.

Vgl. die Anm. zu § 5 des bish. Ges. auf S. 15—22 dieses Buches.

1. Die Änderung gegen früher ist veranlaßt, um auch minderbemittelte, nicht bloß unbemittelte Familien sowie Einzelpersonen an der Wohltat teilnehmen zu lassen. Begr. 09 S. 4.

2. Die Stempel können nur insoweit gefordert werden, als eine Verjährung noch nicht eingetreten ist. Da es sich um Wertstempel handelt, greift die Verjährung erst in 10 Jahren Platz. Tritt die Veränderung erst nach Ablauf von 10 Jahren ein, so würde der Stempel verjährt sein. AH. 09, S. 7113, 7230.

§ 6.

Wertermittelung.

(1) Die Ermittelung des Wertes eines Gegenstandes zum Zwecke der Berechnung der Stempelsteuer ist auf den gemeinen Wert desselben zur Zeit der Beurkundung des Geschäfts zu richten.

(2) Ist einem der Vertragschließenden ein Wahlrecht oder die Befugnis eingeräumt, innerhalb bestimmter Grenzen den Umfang der Leistung zu bestimmen, so wird die Stempelsteuer nach dem höchstmöglichen Werte des Gegenstandes des Geschäfts berechnet. Ist die Leistung nicht bis zu den bestimmten Grenzen erfolgt, so wird nach Ausführung des Geschäfts die gezahlte Stempelsteuer bis auf den der wirklichen Leistung entsprechenden Betrag erstattet.

Allg. V. § 9 Abs. 1, Abs. 2 Lit. b.

(3) Bei Geldforderungen ist der aus der stempelpflichtigen Urkunde ersichtliche Geldbetrag, bei Kurs habenden Wertpapieren der Tageskurs als Wert anzusehen.

(4) Die Umrechnung der in anderer als Reichswährung angegebenen Summen erfolgt nach den für die Erhebung des Wechsel-

stempels vom Bundesrate festgesetzten Mittelwerten und, insoweit solche nicht bestimmt worden sind, nach dem laufenden Kurse.

(5) Der Wert des Besitzes einer Sache ist in der Regel dem Werte der Sache gleich zu achten.

(6) Der Wert eines Pfandrechts oder der Sicherstellung einer Forderung richtet sich nach dem Betrage der Forderung; hat der Gegenstand des Pfandrechts einen geringeren Wert, so ist dieser maßgebend.

(7) Der Wert einer Grunddienstbarkeit wird durch den Wert, welchen dieselbe für das herrschende Grundstück hat, und wenn der Betrag, um welchen sich der Wert des dienenden Grundstücks durch die Dienstbarkeit mindert, größer ist, durch diesen Betrag bestimmt.

(8) Der einjährige Wert von Nutzungen wird, wenn nicht aus der Urkunde ein höherer oder niederer Prozentsatz hervorgeht oder sonst festgestellt werden kann, zu vier vom Hundert des Wertes des Gegenstandes, welcher die Nutzung gewährt, angenommen.

(9) Bei immerwährenden Nutzungen und Leistungen ist das Fünfundzwanzigfache ihres einjährigen Betrages, bei Nutzungen und Leistungen von unbestimmter Dauer, sofern nicht die Vorschriften in den beiden nächstfolgenden Absätzen Anwendung finden oder anderweite die längste Dauer begrenzende Umstände in der Urkunde angegeben sind, das Zwölfeinhalbfache des einjährigen Betrages als Wert anzusehen.

(10) Der Wert von Nutzungen oder Leistungen auf Lebenszeit bestimmt sich nach dem zur Zeit ihres Anfanges erreichten Lebensalter der Person, bei deren Tode die Nutzung oder Leistung erlischt, und wird bei einem Lebensalter derselben

von	15	Jahren oder weniger			auf	das	18	fache
über	15	Jahre	bis zu	25 Jahren	auf	das	17	fache
„	25	„	„	„ 35	„	„	„ 16	„
„	35	„	„	„ 45	„	„	„ 14	„
„	45	„	„	„ 55	„	„	„ 12	„
„	55	„	„	„ 65	„	„	„ $8^1/_2$	„
„	65	„	„	„ 75	„	„	„ 5	„
„	75	„	„	„ 80	„	„	„ 3	„
„	80	„	auf das	. . . .			2	„

des Wertes der einjährigen Nutzung oder Leistung angenommen.

(11) Ist die Dauer der Nutzungen oder Leistungen von der Lebenszeit mehrerer Personen dergestalt abhängig, daß beim Tode

der zuerst versterbenden die Nutzung oder Leistung erlischt, so ist für die nach den Bestimmungen im vorigen Absatze vorzunehmende Wertermittelung das Lebensalter der ältesten Person maßgebend. Wenn die Nutzung oder Leistung bis zum Tode der letztversterbenden Person fortdauert, erfolgt die Berechnung nach dem Lebensalter der jüngsten Person. *Allg. V. § 6 Abs. 3.*

(12) Der Gesamtwert der auf bestimmte Zeit eingeschränkten Nutzungen oder Leistungen ist unter Zugrundelegung eines vierprozentigen Zinsfußes nach der beigefügten Hilfstabelle zu ermitteln. Ist jedoch die Dauer der Nutzung oder Leistung noch außerdem durch die Lebenszeit einer oder mehrerer Personen bedingt, so darf der nach den Bestimmungen der beiden vorhergehenden Absätze zu berechnende Wert nicht überschritten werden. *Allg. V. § 6 Abs. 1.*

Vgl. die Anm. zu § 6 des bish. Ges. auf S. 24 u. 25 dieses Buches.

§ 7.

Verpflichtung der Privatpersonen, Behörden und Beamten zur Auskunfterteilung; amtliches Ermittelungsverfahren.

(1) Die Steuerpflichtigen sind zur Erteilung der von den Zollbehörden oder den zur Einziehung oder Verwendung des Stempels noch sonst verpflichteten Behörden oder Beamten erforderten Auskunft über den Wert des Gegenstandes, soweit dazu nicht die Kenntnisse eines Sachverständigen oder besondere Ermittelungen erforderlich sind, verbunden.

(2) Wird in den vorgedachten Fällen der Aufforderung der Behörden oder Beamten nicht genügt, so kann die Zollbehörde die Säumigen durch Festsetzung und Einziehung von Ordnungsstrafen bis zu einem Gesamtbetrage von 60 Mark zur Befolgung der getroffenen Anordnungen anhalten, auch das zur Erledigung derselben Nötige auf Kosten der Säumigen beschaffen. Der Festsetzung einer Ordnungsstrafe hat die Androhung derselben vorherzugehen.

(3) Tragen die Behörden oder Beamten Bedenken, die Angaben der Steuerpflichtigen als richtig anzunehmen, und findet eine Einigung mit den letzteren nicht statt, so sind die Behörden oder Beamten befugt, unter Zuziehung Sachverständiger, bei deren Auswahl etwaige Vorschläge der Steuerpflichtigen mit zu berücksichtigen sind, die für die Berechnung der Steuer erforderlichen Grundlagen zu ermitteln und danach die Steuer zu erheben. Die Kosten der Ermitte-

lung fallen dem Steuerpflichtigen zur Last, wenn der ermittelte Wert den von dem Steuerpflichtigen angegebenen Wert um 10 Prozent oder mehr übersteigt. Die gezahlten Kosten werden erstattet, wenn im Verwaltungsweg oder im Rechtswege die Ermäßigung des Wertes auf einen nicht zum Kostenersatze verpflichtenden Betrag erfolgt.

(4) Wird von den Steuerpflichtigen gegen die Entscheidung der Zollbehörde der Rechtsweg beschritten, so bleibt die Zahlung des streitig gebliebenen Stempels bis zur Rechtskraft des Urteils ausgesetzt.

(5) Alle unmittelbaren und mittelbaren Behörden und Beamten sind verbunden, der Zollbehörde oder den zur Einziehung oder Verwendung des Stempels noch sonst verpflichteten Behörden oder Beamten Auskunft über die für die Festsetzung der Stempelsteuer in Betracht kommenden tatsächlichen Verhältnisse zu erteilen.

Allg.V. § 6 Abs. 5, § 17 Abs. 5.

Vgl. die Anm. zu § 7 des bish. Ges. auf S. 27 dieses Buches.

§ 8.

Unbestimmtheit des Wertes des Gegenstandes.

(1) Wenn bei einem Geschäft der Wert des Gegenstandes dergestalt unbestimmt ist, daß er von vornherein nicht festgestellt oder geschätzt werden kann, so hat der zur Entrichtung der Abgabe Verpflichtete die Urkunde innerhalb der in den §§ 15 und 16 angegebenen Fristen der Zollbehörde vorzulegen, welche das Erforderliche wegen der Überwachung, Sicherstellung und nachträglichen Zahlung der Stempelsteuer anordnen wird.

(2) Diese Bestimmung findet auch auf diejenigen Urkunden Anwendung, zu welchen Privatpersonen ohne amtliche Überwachung Stempelmarken verwenden dürfen. *Allg.V. §§ 11, 12 Abs. 4.*

Vgl. die Anm. zu § 8 des bish. Ges. auf S. 27 dieses Buches.

§ 9.

Versteuerung mehrerer über denselben Gegenstand ausgestellter Urkunden.

(1) Werden über denselben Gegenstand mehrere Urkunden gleichen Inhalts ausgefertigt, so wird die auf dem Gegenstande ruhende Steuer nur zu einer derselben, und zwar in der Regel zu derjenigen

Urkunde, welche als Hauptausfertigung bezeichnet ist, verwendet; die übrigen Ausfertigungen sind mit demjenigen Stempel zu versehen, welcher nach der Tarifstelle „Duplikate" beizubringen ist. Eine Ausfertigung einer Verhandlung darf nur dann als Nebenausfertigung versteuert werden, wenn das Vorhandensein einer als Hauptausfertigung versteuerten Urkunde nachgewiesen wird.

Allg. V. § 1 Abs. 1 Lit. a und § 2 Abs. 1 Lit. b Abs. 2.

(2) Bei Notariatsverhandlungen ist der Stempel zu der Urschrift zu verwenden. Die erste Ausfertigung ist stempelfrei, wenn die Ausfertigung als erste bezeichnet und auf derselben bescheinigt ist, welcher Stempel zu der Urschrift verwendet worden ist.

Allg. V. § 2 Abs. 7.

(3) Auf jeder zweiten und weiteren Ausfertigung oder amtlich beglaubigten Abschrift oder jedem amtlich beglaubigten Auszug aus einer stempelpflichtigen Urkunde muß bescheinigt werden, welcher Stempel zu der Hauptausfertigung oder Urschrift verwendet worden ist. Alle unmittelbaren und mittelbaren Beamten sind verpflichtet, auch die von ihnen gefertigten einfachen Abschriften stempelpflichtiger Urkunden mit dieser Bescheinigung zu versehen. *Allg. V. § 10.*

Vgl. die Anm. zu § 9 des bish. Ges. auf S. 28 u. 29 dieses Buches.

§ 10.

Versteuerung mehrerer in derselben Urkunde enthaltener Gegenstände.

(1) Wenn bei Rechtsgeschäften über mehrere, verschiedenen Steuersätzen unterliegende Gegenstände das Entgelt ohne Angabe der Einzelwerte ungetrennt in einer Summe oder Leistung verabredet ist, so kommt für die Berechnung des Stempels der höchste Steuersatz zur Anwendung, sofern nicht von den Ausstellern der Urkunde auf derselben die Werte für die einzelnen Gegenstände innerhalb der im § 16 angegebenen Fristen noch nachträglich angegeben werden. Trägt die Zollbehörde Bedenken, die ursprünglichen oder nachträglichen Angaben der Steuerpflichtigen über die Einzelwerte als richtig anzunehmen, so kommen die Vorschriften des dritten Absatzes des § 7 zur Anwendung.

(2) Enthält eine Urkunde verschiedene steuerpflichtige Geschäfte, so ist der Betrag des Stempels für jedes Geschäft besonders zu berechnen und die Urkunde mit der Summe dieser Stempelbeträge zu belegen.

(3) Sofern die einzelnen in einer Urkunde enthaltenen Geschäfte sich als Bestandteile eines einheitlichen, nach dem Tarife steuerpflichtigen Rechtsgeschäfts darstellen, ist nur der für das letztere vorgesehene Stempelbetrag zu entrichten.

Vgl. die Anm. zu § 20 des bish. Ges. auf S. 30—34 dieses Buches.

§ 11.

Mindestbetrag der Stempelsteuer und Abstufungen derselben.

Die Stempelabgabe beträgt, insoweit dieses Gesetz und der Tarif nicht abweichende Bestimmungen enthalten, mindestens 0,50 Mark und steigt in Abstufungen von je 0,50 Mark, wobei überschießende Stempelbeträge auf 0,50 Mark abgerundet werden.

§ 12.

Verpflichtung zur Zahlung der Stempelsteuer.

(1) Zur Zahlung der Stempelsteuer sind verpflichtet:

a) bei den von Behörden und Beamten, einschließlich der Notare, aufgenommenen Verhandlungen oder erteilten Ausfertigungen, Abschriften, Bescheinigungen, Auszügen und Genehmigungen aller Art diejenigen, auf deren Veranlassung die Schriftstücke aufgenommen oder erteilt sind;

b) bei einseitigen Verpflichtungen und Erklärungen diejenigen, welche die Schriftstücke ausgestellt haben;

c) bei Verträgen, einschließlich Punktationen, alle Teilnehmer, insoweit der Tarif nicht abweichende Bestimmungen enthält.

(2) Von mehreren zur Zahlung der Stempelsteuer verpflichteten Personen haftet jede einzelne als Gesamtschuldner. *Allg. V. § 4.*

Vgl. die Anm. zu § 12 des bisherigen Ges. auf S. 34 u. 35 dieses Buches.

§ 13.

Haftbarkeit für die Stempelsteuer.

(1) Für die Entrichtung der Stempelsteuer haften unter Vorbehalt des Rückgriffs gegen die eigentlich Verpflichteten:

a) Aktiengesellschaften, Kommanditgesellschaften auf Aktien, eingetragene Genossenschaften, Gewerkschaften und Gesellschaften mit beschränkter Haftung für die Stempel, welchen die von ihren Vorständen oder Geschäftsführern in ihrem Auftrag oder Namen errichteten Verhandlungen unterliegen;

b) bei Auktionen diejenigen, für deren Rechnung oder auf deren Veranlassung die Versteigerung stattgefunden hat, und die von diesen Personen zur Abhaltung der Auktionen Beauftragten;

c) jeder Inhaber oder Vorzeiger einer mit dem gesetzlichen Stempel nicht oder nicht ausreichend versehenen Urkunde, welcher ein rechtliches Interesse an dem Gegenstande derselben hat.

(2) Ist die Stempelsteuer von den eigentlich Verpflichteten und denjenigen, die nach Abs. 1 haften, nicht zu erlangen, so haften hierfür einschließlich der Notare, jedoch ausschließlich der Schiedsmänner, diejenigen Beamten, welche die von ihnen aufgenommenen Urkunden vor erfolgter oder nicht ausreichend erfolgter Stempelverwendung aushändigen oder Ausfertigungen oder Abschriften erteilen oder wegen der Einziehung des Stempels die ihnen nach § 15 obliegenden Pflichten verabsäumen, insoweit ihnen ein Verschulden zur Last fällt, unter Vorbehalt des Rückgriffs gegen die eigentlich Verpflichteten und diejenigen, die nach Abs. 1 haften.[1] *Allg. V. § 10 Abs. 5.*

(3) Diese Bestimmung kommt auch dann zur Anwendung, wenn ein Notar den Entwurf einer Urkunde anfertigt und nach Vollziehung durch die Beteiligten die Unterschriften oder Handzeichen beglaubigt. *Allg. V. § 4.*

Vgl. die Anm. zu § 13 des bisherigen Ges. auf S. 36 u. 37 dieses Buches.

1. Beamte und Notare haften fortan nur subsidiär und nur insoweit, als sie ein Verschulden trifft. Die Voraussetzungen für die Haftung des Notars sind stets zunächst von der Steuerbehörde festzustellen, so daß der Fiskus nicht genötigt ist, von vorne herein bei den ordentlichen Gerichten Klage zu erheben. KB. S. 7, 8 (09).

II. Abschnitt.

Von der Erfüllung der Stempelpflicht und den Folgen der Nichterfüllung.

§ 14.

Art der Erfüllung der Stempelpflicht.

(1) Die Stempelpflicht wird erfüllt durch:

a) Niederschreiben der stempelpflichtigen Erklärung auf gestempeltes Papier;

b) Verwendung von Stempelmarken auf denjenigen Schriftstücken, zu welchen Stempelmarken ohne amtliche Überwachung verwendet werden dürfen;

c) Einreichung der stempelpflichtigen Urkunde oder, wenn diese nicht vorgelegt werden kann, einer den wesentlichen Inhalt der Urkunde enthaltenden Anzeige und Einzahlung des erforderlichen Geldbetrages bei einer zur Entwertung von Stempelzeichen befugten Amtsstelle;

d) Verwendung von Stempelmarken durch zur Entwertung derselben befugte Amtsstellen;

e) Barzahlung der Stempelabgabe in denjenigen Fällen, in welchen dieselbe nach den Bestimmungen des Preußischen Gerichtskostengesetzes bei den Gerichtskosten zu vereinnahmen ist.

Allg. V. § 1.

(2) Der Finanzminister ist ermächtigt, für den Verkehr bestimmter Personen statt der Erhebung des Stempels im einzelnen die Zahlung einer jährlichen Abfindungssumme zu gestatten. Die in diesem Verkehr errichteten Urkunden sind mit einem Hinweise darüber zu versehen, daß die Stempelpflicht durch die Vereinbarung einer Abfindungssumme erfüllt ist.

Vgl. die Anm. zu § 14 des bish. Ges. auf S. 38—43 dieses Buches.

§ 15.

Zeit der Stempelverwendung bei den von Behörden und Beamten aufgenommenen Verhandlungen.

(1) Behörden und Beamte, einschließlich der Notare, jedoch ausschließlich der Schiedsmänner, haben zu allen von ihnen aufgenommenen Verhandlungen oder erteilten Ausfertigungen, Abschriften, Bescheinigungen, Auszügen und Genehmigungen aller Art den Stempel vor deren Aushändigung, spätestens aber binnen zwei Wochen nach dem Tage der Ausstellung der Urkunden, zu verwenden. Ist der Stempel innerhalb dieser Frist von den Verpflichteten nicht beigebracht, so ist die zwangsweise Einziehung des Stempels binnen einer Woche bei der zuständigen Zollstelle von den vorbezeichneten Behörden und Beamten zu beantragen oder, wenn sie selbst zur zwangsweisen Einziehung von Geldern befugt sind, die zwangsweise Einziehung innerhalb der gleichen Frist anzuordnen. Dieser Bestimmung unterliegen auch diejenigen Urkunden, bei denen ein Notar den Entwurf anfertigt

und nach Vollziehung durch die Beteiligten die Unterschriften oder Handzeichen beglaubigt. *Allg. V. § 2 Abs. 1 Lit. b, Abs. 2 u. Abs. 7.*

(2) Insoweit die in der Tarifstelle „Erlaubniserteilungen" unter c, f und l aufgeführten Urkunden einen den Betrag von 1 Mark 50 Pf. beziehungsweise 3 Mark übersteigenden Stempel erfordern, ist der Mehrbetrag von den Steuerpflichtigen erst binnen zwei Wochen nach dem Tage der Rechtskraft der Zuschrift über das Ergebnis der Veranlagung zur Gewerbesteuer oder der auf das eingelegte Rechtsmittel ergangenen Entscheidung beizubringen (§§ 32 und 35 ff. des Gewerbesteuergesetzes vom 24. Juni 1891 — Gesetzsamml. S. 205 —).

(3) Für die Versteuerung der stempelpflichtigen Verhandlungen der Schiedsmänner haben die Parteien den Stempel binnen zwei Wochen nach dem Tage der Aufnahme zu der Urschrift der Verhandlung beizubringen und dem Schiedsmanne zuzustellen. Die Schiedsmänner haben auf jeder von ihnen erteilten Vergleichsausfertigung zu vermerken, welcher Stempel zu der Urschrift verwendet oder daß ein solcher nicht beigebracht worden ist.

Vgl. die Anm. zu § 15 des bish. Ges. auf S. 44—46 dieses Buches.

§ 16.

Zeit der Stempelverwendung bei Verhandlungen der Privatpersonen.

(1) Bei den nicht auf Stempelpapier niedergeschriebenen Verhandlungen der Privatpersonen muß die Versteuerung bewirkt sein:

a) bei Urkunden, zu welchen die Aussteller Stempelmarken ohne amtliche Überwachung verwenden dürfen, vor der Aushändigung, spätestens aber binnen zwei Wochen nach dem Tage der Ausstellung, vorbehaltlich der Bestimmung im § 14 Abs. 2;

b) bei Schriftstücken über die Übertragung eines Kuxes (vgl. Tarifstelle „Kuxe") vom Aussteller vor der Umschreibung im Gewerkenbuche, spätestens aber binnen zwei Wochen nach dem Tage der Ausstellung;

c) bei Pacht- und Mietverträgen über unbewegliche Sachen innerhalb der in der Tarifstelle „Pacht- und Mietverträge" angegebenen Frist;

d) bei Gesellschaftsverträgen, die der Eintragung in das Handels- oder Genossenschaftsregister bedürfen, vor der Eintragung in die Register, spätestens aber binnen zwei Wochen nach dem Tage der Errichtung;

e) bei den von der Heeresverwaltung mit Privatpersonen abgeschlossenen Verträgen und Verhandlungen über Lieferungen, Werkverdingungen und sonstige Leistungen, die erst im Falle einer Mobilmachung zur Ausführung kommen sollen, binnen zwei Wochen nach Eintritt der Mobilmachung;

f) bei im Ausland errichteten Urkunden, bei denen Inländer beteiligt sind, binnen zwei Wochen nach dem Tage der Rückkehr der Inländer in das Inland, bei sonstigen im Ausland errichteten Urkunden, von denen im Inlande Gebrauch gemacht werden soll, vor dem Gebrauch;

g) in allen übrigen Fällen vom Aussteller binnen zwei Wochen nach dem Tage der Ausstellung.

(2) Von jedem Inhaber oder Vorzeiger einer stempelpflichtigen Urkunde, welcher ein rechtliches Interesse an dem Gegenstande derselben hat, ist die Versteuerung der Urkunde binnen zwei Wochen nach dem Tage des Empfanges zu bewirken.

(3) Bei Urkunden über Rechtsgeschäfte, welche erst durch die Genehmigung oder den Beitritt einer Behörde oder eines Dritten Rechtswirksamkeit erlangen, beginnt den Ausstellern gegenüber die Frist für die Verwendung des Stempels mit dem Ablaufe desjenigen Tages, an welchem sie von der Genehmigung oder dem Beitritte Kenntnis erhalten haben.

Allg. V. § 2 Abs 1 Lit. e u. Abs. 2, 3, 4.

Vgl. die Anm. zu § 16 des bish. Ges. auf S. 47—50 dieses Buches.

§ 17.

Festsetzung von Geldstrafen gegen Privatpersonen.

(1) Wer den Vorschriften bezüglich der Verpflichtung zur Entrichtung der Stempelsteuer zuwiderhandelt, hat eine Geldstrafe verwirkt, welche dem vierfachen Betrage des hinterzogenen Stempels gleichkommt, mindestens aber drei Mark beträgt.

(2) Betreffen die gedachten Zuwiderhandlungen die in der Tarifstelle „Pacht- und Mietverträge" aufgeführten Verzeichnisse oder Urkunden, zu welchen Privatpersonen Stempelmarken ohne amtliche Überwachung verwenden dürfen, so ist eine Geldstrafe verwirkt, welche dem zehnfachen Betrage des hinterzogenen Stempels gleichkommt, mindestens aber dreißig Mark beträgt.

(3) Die gleiche Geldstrafe tritt ein, wenn

a) bei Auflassungserklärungen und Umschreibungsanträgen ein geringerer Wert angegeben wird, als der nach den Vorschriften der Tarifstelle „Kauf- und Tauschverträge“ bei der Versteuerung der Kaufverträge berechnete Betrag der von dem Erwerber übernommenen Lasten und Leistungen, mit Einschluß des Preises und unter Zurechnung der vorbehaltenen Nutzungen;
Allg. V. § 13 Abs. 2.

b) bei Auflassungserklärungen und Umschreibungsanträgen eine Urkunde über das Rechtsgeschäft vorgelegt wird, welche dasselbe nicht so enthält, wie es unter den Beteiligten hinsichtlich des Wertes der Gegenleistung verabredet ist, und einem geringeren Stempel unterliegt, als die Beurkundung des wirklich verabredeten Rechtsgeschäfts erfordern würde.
Allg. V. § 14 Abs. 4.

(4) Kann der Betrag des hinterzogenen Stempels nicht festgestellt werden, so tritt eine Geldstrafe bis zu dreitausend Mark ein.

(5) Die verwirkten Geldstrafen treffen jeden Unterzeichner oder Aussteller einer Urkunde besonders und in vollem Betrage.

(6) Bei Genossenschaften und Aktiengesellschaften sind die Geldstrafen gegen die Vorstandsmitglieder, bei Kommanditgesellschaften gegen die persönlich haftenden Gesellschafter, bei offenen Handelsgesellschaften gegen die Gesellschafter, bei Gesellschaften mit beschränkter Haftung gegen die Geschäftsführer, bei Gewerkschaften gegen die Repräsentanten oder Grubenvorstände nur im einmaligen Betrage, jedoch unter Haftbarkeit jedes einzelnen als Gesamtschuldners, festzusetzen. Ebenso ist zu verfahren, wenn mehrere Urkundenaussteller bei einem Geschäft als gemeinschaftliche Kontrahenten beteiligt sind.

(7) Bei Zuwiderhandlungen gegen die Vorschriften bezüglich der Verpflichtung zur Entrichtung der Stempelsteuer unter I der Tarifstelle „Pacht- und Mietverträge“ trifft die Geldstrafe nur den Verpächter oder Vermieter.

Vgl. die Anm. zu § 17 des bish. Ges. auf S. 51 u. 52 dieses Buches.

§ 18.

Festsetzung von Ordnungsstrafen gegen Privatpersonen.

(1) Wenn in den Fällen des vorhergehenden Paragraphen aus den Umständen sich ergibt, daß eine Steuerhinterziehung nicht hat verübt werden können oder nicht beabsichtigt worden ist, so tritt

statt der vorgedachten Geldstrafen eine Ordnungsstrafe bis zu dreihundert Mark ein.

(2) Diese Strafe haben auch Repräsentanten oder Grubenvorstände von Gewerkschaften verwirkt, wenn sie die Umschreibung von Kuxen im Gewerkenbuche vor erfolgter Versteuerung der Übertragungsurkunden vornehmen.

(3) Dieselbe Strafe ziehen Zuwiderhandlungen gegen die Vorschriften dieses Gesetzes oder gegen die zu dessen Ausführung erlassenen Vorschriften, die im Gesetze mit keiner besonderen Strafe belegt sind, nach sich.

Vgl. die Anm. zu § 18 des bish. Ges. auf S. 53 dieses Buches.

§ 19.

Festsetzung von Ordnungsstrafen gegen Beamte einschließlich Notare.

(1) Unmittelbare oder mittelbare Staatsbeamte, einschließlich der Notare, welche bei ihren amtlichen Verhandlungen oder bei den im Auftrag oder namens einer unmittelbaren oder mittelbaren Staatsbehörde mit Privatpersonen abgeschlossenen Verträgen die ihnen durch dieses Gesetz oder die zu dessen Ausführung erlassenen Vorschriften hinsichtlich der Versteuerung auferlegten Pflichten versäumen, sind, sofern nicht nach der Art des Vergehens wegen verletzter Amtspflicht eine höhere Strafe eintritt, mit einer Ordnungsstrafe bis zum Betrage des nicht verwendeten Stempels, jedoch nicht über einhundertfünfzig Mark, zu belegen.

(2) Die Privatpersonen, mit welchen die Verträge abgeschlossen sind, desgleichen die Inhaber oder Vorzeiger bleiben von Strafe frei.

(3) Bezüglich der Festsetzung der Strafen gegen Beamte, einschließlich Notare, kommt der § 60 des Verwaltungsstrafgesetzes vom 26. Juli 1897 (Gesetzsamml. 1897 S. 237) zur Anwendung; die Ermäßigung oder Niederschlagung der Strafe kann durch dasjenige Ministerium angeordnet werden, zu dessen Verwaltung der Beamte gehört. *Allg. V. § 24.*

Vgl. die Anm. zu § 19 des bish. Ges. auf S. 54 u. 55 dieses Buches.

§ 20.

Straffreiheit.

Wenn der Stempel entsprechend der Auskunft der zur Verwaltung des Stempelwesens bestellten Behörde verwendet worden ist, so treten die Strafen der §§ 17 bis 19 nicht ein.

§ 21.

Strafverfahren.

Bei Zuwiderhandlungen gegen dieses Gesetz kommen hinsichtlich des Verwaltungsstrafverfahrens und der Voraussetzungen für die Zulässigkeit des gerichtlichen Strafverfahrens die Vorschriften des Verwaltungsstrafgesetzes vom 26. Juli 1897 (Gesetzsamml. 1897 S. 237) zur Anwendung.

Vgl. die Anm. zu § 21 des bish. Ges. auf S. 56—61 dieses Buches.

§ 22.

Strafvollstreckung.

Die Umwandlung einer Geldstrafe, zu deren Zahlung der Verpflichtete unvermögend ist, in eine Freiheitsstrafe findet nicht statt. Hinsichtlich der Beitreibung von Geldstrafen durch Versteigerung von Grundstücken und der zwangsweisen Eintragung der Geldstrafen im Grund- oder Hypothekenbuche kommt die Vorschrift des § 54 Abs. 2 des Verwaltungsstrafgesetzes vom 26. Juli 1897 (Gesetzsamml. 1897 S. 237) zur Anwendung.

Vgl. die Anm. zu § 22 des bish. Ges. auf S. 62 dieses Buches.

§ 23.

Verjährung der Strafverfolgung und der Strafvollstreckung.

Die Strafverfolgung von Zuwiderhandlungen gegen die Vorschriften dieses Gesetzes und die zu dessen Ausführung erlassenen Bestimmungen sowie die Vollstreckung der dieserhalb rechtskräftig festgesetzten und rechtskräftig erkannten Strafen verjährt in fünf Jahren.

Vgl. die Anm. zu § 23 des bish. Ges. auf S. 62 dieses Buches.

III. Abschnitt.

Besondere Bestimmungen.

§ 24.

Ersatz für die vor dem Verbrauche verdorbenen Stempelzeichen.

Für Stempelzeichen, welche vor dem Verbrauche durch Zufall oder Versehen verdorben worden sind, kann Ersatz beansprucht werden.

Vgl. die Anm. zu § 24 des bish. Ges. auf S. 63 dieses Buches.

§ 25.

Erstattung bereits verwendeter Stempel.

(1) Die entrichtete Stempelsteuer wird erstattet:

a) wenn ein gesetzlich nicht erforderlicher Stempel verwendet und der Erstattungsantrag innerhalb zweier Jahre nach der Entrichtung des Stempels angebracht worden ist;

b) wenn der von Behörden oder Beamten, einschließlich der Notare, in der Erwartung der Zahlung verwendete Stempel von den zur Entrichtung desselben Verpflichteten nicht beigetrieben werden kann;

c) wenn ein beurkundetes Geschäft nichtig oder infolge einer Anfechtung als von Anfang an nichtig anzusehen ist und die Erstattung innerhalb zweier Jahre nach der Beurkundung oder, falls die Nichtigkeit durch rechtskräftiges Urteil festgestellt ist, binnen Jahresfrist nach Eintritt der Rechtskraft nachgesucht wird.[1] *Allg. V. § 9 Abs. 2 Lit. b.*

(2) Außerdem kann die Erstattung bereits verwendeter Stempel aus Billigkeitsgründen angeordnet werden,[2] wenn die Ausführung eines Geschäfts unterblieben oder ein Geschäft auf Grund der Wandelung[3] rückgängig gemacht ist. Die Erstattung muß innerhalb zweier Jahre nach der Beurkundung des Geschäfts beantragt werden; wird der Antrag auf Tatsachen gestützt,[4] die erst nach der Beurkundung eingetreten sind, so beginnt die zweijährige Frist mit dem Tage, an dem der Antragsteller von diesen Tatsachen Kenntnis erhalten hat. In den Fällen der Wandelung durch rechtskräftiges Urteil muß die Erstattung binnen Jahresfrist nach Eintritt der Rechtskraft nachgesucht werden. *Allg. V. § 9 Abs. 2 Lit. b.*

(3) Der Zollverwaltung bleibt jedoch im Falle zu c und im Falle des vorhergehenden Absatzes das Recht vorbehalten, den Stempel von demjenigen Vertragschließenden wieder einzuziehen, welcher bei der Beurkundung des Geschäfts von den die Nichtigkeit oder Ungültigkeit desselben bedingenden Umständen Kenntnis gehabt oder die unterbliebene Ausführung des Geschäfts oder die Wandelung verschuldet hat. *Allg. V. § 9 Abs. 1 u. Abs. 2 Lit. b.*

Vgl. die Anm. zu § 25 des bish. Ges. auf S. 64—70 dieses Buches.

1. Bei den der Rechtswirksamkeit ermangelnden Rechtsgeschäften spricht das Bürgerliche Gesetzbuch von:

a) Nichtigkeit, wenn das Geschäft von vornherein der Rechtswirksamkeit entbehrt. Hierher gehören vorzugsweise Willenserklärungen Geschäftsunfähiger (§ 105 Abs. 1), geistig Gestörter (§ 105 Abs. 2), nicht ernstlich gemeinte oder Scheingeschäfte (§§ 117, 118), der gesetzlichen Form ermangelnde Geschäfte (§ 125), gesetzlich verbotene oder gegen die guten Sitten verstoßende Willenserklärungen (§§ 134, 138);

b) Anfechtbarkeit, wenn das Rechtsgeschäft zunächst gültig ist und es auch bleibt, wenn der Anfechtungsberechtigte von dem Anfechtungsrechte keinen Gebrauch macht. Werden solche Geschäfte aber mit Erfolg angefochten, so sind sie nach § 142 Abs. 1 BGB. von Anfang an als nichtig anzusehen. Es sind dies die wegen Irrtums, Betrugs oder Zwanges anfechtbaren Geschäfte (§§ 119, 123).

In der Verwaltungspraxis sind nun Zweifel darüber entstanden, ob der § 25 Abs. 1 zu c des Stempelsteuergesetzes, der unter der Geltung des Preußischen Landrechts entstanden ist und dem Sprachgebrauch dieses Rechts folgt, auch auf die unter b erörterten Fälle anzuwenden ist. Der Entwurf beseitigt diese Zweifel zugunsten der Steuerpflichtigen dahin, daß er die Erstattungspflicht auf die nach § 142 Abs. 1 BGB. als nichtig anzusehenden Rechtsgeschäfte ausdehnt. Begr. S. 2 (09).

2. Nunmehr ist von dem Finanzminister die Entscheidung in diesen Fällen auf die Oberzolldirektionen übertragen. FM. 5. 7. 09. III 10959. Gegen deren Entscheidung steht der Beschwerdeweg an den Finanzminister offen. Begr. S. 3 (09). Ziff. 18 der DV. ist aufgehoben. FM. 5. 7. 09. III 10959.

3. Der Unterausschuß habe sich darüber schlüssig gemacht, daß eine gewisse Berücksichtigung der Wandelung geboten sei, daß aber nicht der Abs. 1, nach welchem der Stempel erstattet werden müsse, sondern der Abs. 2, nach welchem der Stempel erstattet werden könne, der geeignete Ort sei, um der Wandelung diese Berücksichtigung angedeihen zu lassen.

Der Unterausschuß sei von der Erwägung ausgegangen, daß, wenn die Wandelung unter diejenigen Geschäfte aufgenommen werde, bei denen der Stempel erstattet werden müsse, dann der Stempelhinterziehung Tür und Tor geöffnet werde. Wenn bei einem Kaufgeschäft den Kontrahenten nachträglich einfalle, die Sache wieder rückgängig zu machen aus irgendwelchen ganz außerhalb des Geschäfts liegenden Gründen, so könnten sie die Wandelung verabreden und den Stempel ersparen. Dem solle vorgebeugt werden, und es sei daher die vorgeschlagene Bestimmung in Abs. 2 hineingearbeitet worden, wobei dann die Stempelbehörde zu prüfen habe, ob tatsächlich nach den wirtschaftlichen Verhältnissen des Falles ein Anlaß zur Berücksichtigung gegeben sei. KB. S. 11 (09).

4. Die jetzige Bestimmung des § 25 Abs. 2, wonach die zweijährige Erstattungsfrist unterschiedslos nach dem Tage der Beurkundung des Geschäfts beginnt, führt zu Unbilligkeiten, wenn die Erstattung durch Tatsachen gerechtfertigt wird, die erst nach der Beurkundung eingetreten sind, z. B. durch den Nichteintritt aufschiebender Bedingungen. Der Entwurf bestimmt deshalb, daß in solchen Fällen die zweijährige Frist erst mit dem Tage beginnen soll, an dem der Erstattungsberechtigte von den Tatsachen Kenntnis erlangt hat. Begr. S. 3 (09).

§ 26.

Rechtsweg.

In Beziehung auf die Verpflichtung zur Entrichtung einer Stempelabgabe ist der Rechtsweg zulässig. Die Klage ist bei Verlust des Klagerechts binnen sechs Monaten nach erfolgter Beitreibung oder geleisteter Zahlung gegen diejenige Oberzolldirektion zu richten, in deren Verwaltungsbezirk die Steuer erfordert worden ist. Wenn es sich um Stempelbeträge handelt, welche nach den für Gerichtskosten geltenden Vorschriften einzuziehen sind, ist die Klage gegen die zur Vertretung des Fiskus in Angelegenheiten der Justizverwaltung bestimmte Behörde zu richten.

Allg. V. § 7, § 17 Abs. 7.

Vgl. die Anm. zu § 26 des bish. Ges. auf S. 71—73 dieses Buches.

§ 27.

Verjährung der Stempelsteuer.

(1) Die Stempelsteuer verjährt, wenn sie auf einen Bruchteil des Wertes des Gegenstandes zu bemessen ist, in zehn, sonst in fünf Jahren nach Ablauf des Kalenderjahres, in welchem die Zahlung der Abgabe hätte erfolgen müssen.

(2) Die Verjährung wird unterbrochen durch eine an den Zahlungspflichtigen erlassene Aufforderung zur Zahlung, durch Handlungen der Zwangsvollstreckung oder durch Bewilligung einer Stundung. Mit dem Ablaufe desjenigen Kalenderjahres, in welchem die letzte Aufforderung zugestellt, die letzte Vollstreckungshandlung vorgenommen oder die bewilligte Frist abgelaufen ist, beginnt eine neue Verjährung.

(3) Die Beanstandung der Angaben der Steuerpflichtigen über den Wert des Gegenstandes eines Geschäfts ist binnen einer dreijährigen Frist nach der Beurkundung zulässig.

Allg. V. § 6 Abs. 5, § 17.

(4) Die Fristen des ersten und dritten Absatzes beginnen bezüglich der nach der Tarifstelle 66 zu entrichtenden Stempel erst nach Ablauf des Kalenderjahres, in welchem die Eröffnung der Verfügung erfolgt. *Allg. V. § 6 Abs. 5.*

Vgl. die Anm. zu § 27 des bish. Ges. auf S. 73 u. 74 dieses Buches.

§ 28.

Berechnung der Fristen.

Für die Berechnung der in diesem Gesetz und dem Tarif erwähnten Fristen sind die Bestimmungen der Deutschen Zivilprozeßordnung maßgebend.

§ 29.

Kosten.

(1) Die Verhandlungen in Stempelsteuerangelegenheiten — mit Ausnahme derjenigen im Strafverfahren, hinsichtlich deren die Vorschriften des Verwaltungsstrafgesetzes vom 26. Juli 1897 (Gesetzsamml. 1897 S. 237) zur Anwendung kommen — sind kostenfrei.

(2) Die Steuerpflichtigen sind zur Tragung des durch die Verhandlungen mit ihnen erwachsenden Portos verbunden.

Vgl. die Anm. zu § 29 des bish. Ges. auf S. 76 dieses Buches.

§ 30.

Verwaltung der Stempelsteuer.

(1) Die Verwaltung des gesamten Stempelwesens wird unter Leitung des Finanzministers von den Oberzolldirektionen durch die Stempelsteuerämter und Zollbehörden geführt.

(2) Die Hauptzollämter sowie Stempelsteuerämter sind verpflichtet, gegen Erstattung der ihnen an Schreibgebühren und Porto erwachsenden Kosten den zur Verwendung des Stempels verpflichteten Personen Auskunft über die Höhe des Stempels zu erteilen.

(3) Außer den Zollbehörden haben alle diejenigen Staats- oder Kommunalbehörden und Beamten, welchen eine richterliche oder Polizeigewalt anvertraut ist, die besondere Verpflichtung, auf Befolgung der Stempelgesetze zu halten und alle bei ihrer Amtsverwaltung zu ihrer Kenntnis kommenden Zuwiderhandlungen gegen dieses Gesetz behufs Einleitung des Strafverfahrens von Amts wegen zur Anzeige zu bringen. *Allg. V. § 22.*

Vgl. die Anm. zu § 30 des bish. Ges. auf S. 76 u. 77 dieses Buches.

§ 31.

Aufsichtsführung.

(1) Die nähere Aufsicht über die gehörige Beobachtung dieses Gesetzes führen die Vorstände der Stempelsteuerämter, welche mit besonderer Anweisung vom Finanzminister versehen werden.

Allg. V. § 23.

(2) Alle Behörden und Beamten, einschließlich der Notare, ferner Aktiengesellschaften, Kommanditgesellschaften auf Aktien, eingetragene Genossenschaften, Gewerkschaften, Gesellschaften mit beschränkter Haftung, Versicherungsgesellschaften auf Gegenseitigkeit und diejenigen Personen, welche gewerbsmäßig Auktionen abhalten, sind verpflichtet, den vorbezeichneten Vorständen behufs Prüfung der gehörigen Abgabenentrichtung die Einsicht ihrer Akten, Bücher und Schriftstücke zu gestatten.

Allg. V. § 2 Abs. 1 Lit. b Abs. 2, § 23 Abs. 3 ff.

(3) Ferner sind alle Verpächter und Vermieter verbunden, die von ihnen zu führenden Verzeichnisse den Vorständen auf Verlangen einzureichen.

(4) Privatpersonen sind auf Erfordern der Vorstände der Stempelsteuerämter verpflichtet, sich über die gehörige Beobachtung der Stempelgesetze auszuweisen, wenn Tatsachen vorliegen, welche den dringenden Verdacht rechtfertigen, daß von ihnen ein Stempelgesetz verletzt ist. Bei dringendem Verdacht einer Stempelsteuerhinterziehung hat auf einen durch Angabe und Glaubhaftmachung der vorliegenden Tatsachen zu begründenden Antrag des Vorstandes des Stempelsteueramts das Amtsgericht, in dessen Bezirke die Privatperson ihren Wohnsitz oder in Ermangelung dessen ihren gewöhnlichen Aufenthaltsort hat, über die Anordnung einer Beschlagnahme oder Durchsuchung Entscheidung zu treffen. Der Ausführung der Beschlagnahme oder Durchsuchung hat eine Aufforderung zum Ausweis über die gehörige Beobachtung der Stempelsteuergesetze unmittelbar vorauszugehen. Auf das Verfahren finden im übrigen die Vorschriften der Strafprozeßordnung mit der Maßgabe entsprechende Anwendung, daß der Beschlagnahme oder Durchsuchung der Vorstand des Stempelsteueramts beziehungsweise ein mit seiner Vertretung beauftragter Beamter beiwohnen kann.

Vgl. die Anm. zu § 31 des bish. Ges. auf S. 78—80 dieses Buches.

§ 32.

Anfertigung, Verkauf und Verwendung von Stempelzeichen und Anlegung von Verzeichnissen.

(1) Der Finanzminister erläßt die Anordnungen wegen der Anfertigung, des Verkaufs und der Verwendung des Stempelpapiers und der Stempelmarken, wegen der Zulässigkeit der Verwendung

von Stempelmarken ohne amtliche Überwachung, wegen der im § 14 bezeichneten Abfindungen und wegen Anlegung der in der Tarifstelle „Pacht- und Mietverträge" vorgeschriebenen Verzeichnisse.

(2) Stempelmarken, welche von Privatpersonen nicht in der vorgeschriebenen Weise verwendet worden sind, werden als nicht verwendet angesehen

§ 33.

Unbefugter Handel mit Stempelzeichen.

Der unbefugte Handel mit Stempelzeichen wird unter Einziehung der Vorräte mit einer Geldstrafe bis zu einhundertfünfzig Mark bestraft.

§ 34.

Übergangsbestimmungen.

(1) Dieses Gesetz tritt mit dem 1. Juli 1909 in Kraft. Bezüglich derjenigen Urkunden, welche vor diesem Tage Stempelpflichtigkeit erlangt haben, kommen die bisherigen Bestimmungen zur Anwendung[1]).

(2) Bezüglich der vor dem 1. Juli 1909 errichteten schriftlichen Pacht- und Mietverträge der Tarifstelle 48 I finden die Vorschriften dieser Tarifstelle hinsichtlich der über den 30. Juni 1909 hinaus sich erstreckenden Pacht- und Mietdauer mit der Maßgabe Anwendung, daß ein Drittel des Stempelbetrages für die ursprüngliche Gültigkeitsdauer des Vertrages unerhoben bleibt.[2]) Bezüglich der vor dem 1. April 1896 errichteten schriftlichen Pacht- und Mietverträge der Tarifstelle 48 I bleibt es bei den bisherigen Bestimmungen.[3])

(3) Für die am 1. Juli 1909 bereits im Gebrauche befindlichen in der Tarifstelle 11 a bezeichneten Automaten und Musikwerke ist die Karte für die Zeit vom 1. Juli bis 31. Dezember 1909 innerhalb des Monats Juli 1909 zu lösen.

Vgl. die Anm. zu § 34 des bish. Ges. auf S. 81 u. 82 dieses Buches.

1. Die Bestimmungen der Abs. 2 und 3 des § 34 haben für den Entwurf keine praktische Bedeutung und sind durch neue Übergangsbestimmungen zu ersetzen.

Der erste Absatz des Entwurfs beruht auf dem stempelrechtlichen Grundsatz, daß für die Stempelpflichtigkeit eines Schriftstückes der Zeitpunkt seiner Errichtung maßgebend ist; da dem Gesetz rückwirkende Kraft nicht beigelegt ist, müssen auch die vor seinem Inkrafttreten errichteten und stempelpflichtig gewordenen Urkunden nach den bisherigen Bestimmungen beurteilt werden. Begr. S. 3 (09).

2. Mit dieser Bestimmung sollen etwaige Unbilligkeiten ausgeschlossen werden. KB. S. 19 (09).

2a. Ein Regierungskommissar bemerkte im Abgeordnetenhause auf Anfrage: Die Sache gestaltet sich also so, daß bei denjenigen Verträgen, die vor dem Inkrafttreten dieser Novelle abgeschlossen sind, der Steuersatz von $^1/_{10}$ % bis zum Tage des Inkrafttretens dieser Novelle zu entrichten ist, und daß von da ab die höheren Sätze Platz greifen.

Was die Verlängerung angeht, so findet auf sie die Vergünstigung, daß $^1/_3$ des Stempels unerhoben bleiben soll, keine Anwendung; denn bei solchen Verlängerungen handelt es sich doch nicht mehr um die ursprüngliche Gültigkeitsdauer, sondern es tritt eine Verlängerung der ursprünglichen Gültigkeitsdauer, also eine neue Gültigkeitsdauer ein infolge der Tatsache, daß von dem Kündigungsrecht kein Gebrauch gemacht worden ist. Drucks. 09 S. 7116.

3. Ein Kommissar des Finanzministeriums erklärte, die Staatsregierung habe gegen diesen Antrag nichts einzuwenden, der nur rechtliche Zweifel darüber beseitige, wie die vor dem 1. April 1896 errichteten Verträge in Zukunft versteuert werden sollten. Diese Verträge seien seinerzeit an sich von vornherein für ihre ganze Gültigkeitsdauer zu verstempeln gewesen. Es gebe aber Fälle in der Praxis, wo auch jetzt noch eine Stempelerhebung stattfinden müßte, nämlich bei denjenigen Pacht- und Mietverträgen, die nur alljährlich versteuert werden könnten, weil der Jahresmiet- und Pachtzins nicht von vornherein sich ermitteln lasse, z. B. Straßenbahnpachtverträge, bei denen als Mietzins ein bestimmter Teil des Reingewinnes entrichtet werde. Da wisse man im voraus nicht, wie der Reinertrag sich stellen werde; es müsse jährlich der Reinertrag und danach der Pachtzins und Stempel berechnet werden. Solche Fälle kämen in großer Anzahl vor, namentlich in Berlin und in allen Großstädten, und gerade diese Pachtverträge hätten gewöhnlich eine sehr lange Vertragsdauer. Die vorgeschlagene Bestimmung sei zweckmäßig; sie werde die etwa auftauchenden Zweifel beseitigen, ob in Zukunft solche Verträge etwa in das Mietverzeichnis aufzunehmen seien oder nicht. KB. S. 20 (09).

§ 35.

Aufrechterhaltung und Aufhebung älterer Bestimmungen.

(1) Vom 1. April 1896 ab sind alle auf die Stempelsteuer bezüglichen Gesetzesvorschriften, soweit sie nicht in diesem Gesetz und dem anliegenden Tarif aufrechterhalten sind, aufgehoben.

(2) Insbesondere treten außer Kraft:

die im Kreise Herzogtum Lauenburg geltende hannoversche Verordnung vom 31. Dezember 1813, betreffend die Erhebung der Stempelabgaben, (Lauenburgische Verordnungen, Sammlung für 1813 S. 41);

das Gesetz wegen der Stempelsteuer vom 7. März 1822 (Gesetzsamml. S. 57);

die Kabinettsordre vom 4. September 1823 wegen der Stempelpflichtigkeit der Dispositionsscheine der Bankiers und Kaufleute (Gesetzsamml. S. 163);

die Kabinettsordre vom 13. November 1828 wegen des zu Verträgen über Angabe an Zahlungs Statt erforderlichen Kaufwertstempels (Gesetzsamml. 1829 S. 21);

die Kabinettsordre vom 14. April 1832 wegen Abänderung der Bestimmungen im § 5 lit. a und b des Stempelgesetzes vom 7. März 1822 (Gesetzsamml. S. 137);

die Kabinettsordre vom 13. Apil 1833, betreffend den Rekurs gegen Strafresolute in Stempelsachen, (Gesetzsamml. S. 33);

die Kabinettsordre vom 19. Juni 1834, betreffend die Erläuterung der Vorschriften des Tarifs zum Stempelgesetze vom 7. März 1822 wegen Stempelpflichtigkeit der Punktationen, (Gesetzsamml. S. 81);

die Ziffer 2 der Kabinettsordre vom 7. Februar 1835 in betreff des Kleinhandels mit Getränken auf dem Lande und des Gast- und Schankwirtschaftsbetriebes überhaupt für alle Teile der Monarchie, (Gesetzsamml. S. 18);

die Kabinettsordre vom 28. Oktober 1836, betreffend die Abänderung des § 22 des Stempelgesetzes vom 7. März 1822, (Gesetzsamml. S. 308);

die Kabinettsordre vom 16. Januar 1840, die Ergänzung der Stempeltarifposition „Vergleiche" und die nähere Bestimmung der für die Vergleichsakte der Friedensrichter in der Rheinprovinz und für die Vergleichsverhandlungen der Schiedsmänner bewilligten Stempelfreiheit betreffend, (Gesetzsamml. S. 18);

die Kabinettsordre vom 23. Dezember 1842, die Ausdehnung der mildernden Bestimmungen der Ordre vom 28. Oktober 1836 zu dem § 22 des Stempelgesetzes vom 7. März 1822 auf Verträge, welche zwischen einer unmittelbaren oder mittelbaren Staatsbehörde und einer Privatperson abgeschlossen sind, betreffend, (Gesetzsamml. für 1843 S. 21);

die Kabinettsordre vom 21. Juni 1844, betreffend die Aufhebung des Wertstempels für die Übernahme von Nachlaßgegenständen bei Auseinandersetzungen zwischen mehreren Erben, (Gesetzsamml. S. 253);

die Kabinettsordre vom 18. Juli 1845 in betreff der Stempelsteuer für die Errichtung von Fideikommiß- und Familienstiftungen, (Gesetzsamml. S. 506);

die Kabinettsordre vom 3. Oktober 1845, den zu Lehrkontrakten erforderlichen Stempel betreffend, (Gesetzsamml. S. 680);

der § 10 des Gesetzes, betreffend einige Abänderungen der Hypothekenordnung vom 20. Dezember 1783, vom 24. Mai 1853 (Gesetzsamml. S. 521);

das Gesetz vom 25. Mai 1857, betreffend die Revision der Aktiengesellschaften im Stempelinteresse, (Gesetzsamml. S. 517);

die §§ 11 und 12 des Gesetzes, betreffend die Erweiterung des Rechtsweges, vom 24. Mai 1861 (Gesetzsamml. S. 241);

das Gesetz vom 22. Juli 1861, betreffend die Entrichtung des Stempels von Übertragsverträgen zwischen Aszendenten und Deszendenten, (Gesetzsamml. S. 754);

das Gesetz vom 2. März 1867, betreffend die den gemeinnützigen Aktienbaugesellschaften bewilligte Sportel- und Stempelfreiheit, (Gesetzsamml. S. 385), insoweit es sich auf die Stempelsteuer bezieht;

die Verordnung vom 19. Juli 1867, betreffend die Verwaltung des Stempelwesens und die Erhebung des Urkundenstempels in dem vormaligen Königreiche Hannover, dem vormaligen Kurfürstentume Hessen und Herzogtume Nassau sowie in den vormals bayerischen Gebietsteilen, (Gesetzsamml. S. 1191);

die Verordnung vom 7. August 1867, betreffend die Erhebung der Stempelsteuer in den Herzogtümern Schleswig und Holstein, (Gesetzsamml. S. 1277);

die Verordnung vom 16. August 1867, betreffend die Verwaltung des Stempelwesens und den Urkundenstempel in der ehemals freien Stadt Frankfurt a. M., (Gesetzsamml. S. 1346);

das Gesetz vom 5. März 1868 wegen Änderung der Stempelsteuer in den Regierungsbezirken Cassel und Wiesbaden mit Ausnahme der Stadt Frankfurt a. M. (Gesetzsamml. S. 185);

das Gesetz vom 24. Februar 1869 wegen Änderung der Stempelsteuer in der Provinz Hannover (Gesetzsamml. S. 366);

das Gesetz, betreffend die Stempelabgaben von gewissen bei dem Grundbuchamt anzubringenden Anträgen, vom 5. Mai 1872 (Gesetzsamml. S. 509);

das Gesetz, betreffend die Aufhebung beziehungsweise Ermäßigung gewisser Stempelabgaben, vom 26. März 1873 (Gesetzsamml. S. 131);

das Gesetz vom 27. Juni 1875, betreffend die Verwaltung des Stempelwesens in Frankfurt a. M., (Gesetzsamml. S. 407);

der § 35 der Hinterlegungsordnung vom 14. März 1879 (Gesetzsamml. S. 249), insoweit er sich auf die Stempelsteuer bezieht;

die §§ 40 und 41 der Schiedsmannsordnung vom 29. März 1879 (Gesetzsamml. S. 321), insoweit sich dieselben auf die Stempelsteuer beziehen;

der § 2 des Gesetzes, enthaltend Bestimmungen über Gerichtskosten und über Gebühren der Gerichtsvollzieher, vom 21. März 1882 (Gesetzsamml. S. 129);

der § 3 des Gesetzes, betreffend die Gerichtskosten bei Zwangsversteigerungen und Zwangsverwaltungen von Gegenständen des unbeweglichen Vermögens, vom 18. Juli 1883 (Gesetzsamml. S. 189), insoweit sich derselbe auf die Stempelsteuer bezieht;

das Gesetz, betreffend die Stempelsteuer für Kauf- und Lieferungsverträge im kaufmännischen Verkehr und für Werkverdingungsverträge, vom 6. Juni 1884 (Gesetzsamml. S. 279);

der § 41 des Gesetzes über das Grundbuchwesen und die Zwangsvollstreckung in das unbewegliche Vermögen im Geltungsbereiche des rheinischen Rechtes vom 12. April 1888 (Gesetzsamml. S. 52);

das Gesetz, betreffend Abänderung mehrerer Bestimmungen der Gesetzgebung über die Stempelsteuer, vom 19. Mai 1889 (Gesetzsamml. S. 115);

der erste Absatz des § 9 des Gesetzes, enthaltend Bestimmungen über das Notariat und über die gerichtliche oder notarielle Beglaubigung von Unterschriften oder Handzeichen, vom 15. Juli 1890 (Gesetzsamml. S. 229);

die §§ 2 bis einschließlich 4 und 46 sowie die Anmerkung zu diesem Paragraphen des Gesetzes, betreffend die Erbschaftssteuer, vom $\frac{\text{30. Mai 1873}}{\text{19. Mai 1891}}$ (Gesetzsamml. für 1891 S. 78), insoweit diese Vorschriften nicht für die Hohenzollernschen Lande Geltung haben;

der § 5b des Artikel III des Gesetzes, betreffend die im Geltungsbereiche des rheinischen Rechtes außerhalb des vormaligen Herzogtums Berg bestehenden Pfandschaften sowie die Abänderung und Ergänzung des Gesetzes vom 12. April 1888 über das Grundbuchwesen und die Zwangsvollstreckung in das unbewegliche Vermögen im Geltungsbereiche des rheinischen Rechtes, vom 14. Juli 1893 (Gesetzsamml. S. 185);

das Gesetz, betreffend die Gleichstellung der Notare mit den anderen Beamten bezüglich der Strafen bei Nichtverwendung der tarifmäßigen Stempel, vom 28. Mai 1894 (Gesetzsamml. S. 105).

(3) Die in dem Preußischen Gerichtskostengesetz über das Stempelwesen getroffenen Bestimmungen bleiben unberührt.

(4) Soweit in anderen Gesetzen auf Bestimmungen der durch diesen Paragraphen aufgehobenen Gesetze verwiesen ist, treten die entsprechenden Vorschriften dieses Gesetzes an die Stelle.

§ 36.

Schlußbestimmung.

Der Finanzminister ist mit der Ausführung dieses Gesetzes beauftragt.

Tabelle

über den gegenwärtigen Kapitalwert einer Rente oder Nutzung im Werte von 1 Mark auf eine bestimmte Anzahl von Jahren behufs Berechnung der davon zu entrichtenden Stempelsteuer.

(Zu § 6 des Gesetzes.)

Anzahl der Jahre	Kapitalwert		Anzahl der Jahre	Kapitalwert		Anzahl der Jahre	Kapitalwert	
	M.	Pf.		M.	Pf.		M.	Pf.
1	1	0,0	30	17	98,4	59	23	43,0
2	1	96,2	31	18	29,0	60	23	52,8
3	2	88,6	32	18	58,9	61	23	62,4
4	3	77,5	33	18	87,4	62	23	71,5
5	4	63,0	34	19	14,8	63	23	80,3
6	5	45,1	35	19	41,1	64	23	88,7
7	6	24,2	36	19	66,5	65	23	96,9
8	7	00,2	37	19	90,8	66	24	04,7
9	7	73,3	38	20	14,3	67	24	12,2
10	8	43,5	39	20	36,8	68	24	19,4
11	9	11,1	40	20	58,5	69	24	26,4
12	9	76,0	41	20	79,3	70	24	33,0
13	10	38,5	42	20	99,3	71	24	39,5
14	10	98,6	43	21	18,6	72	24	45,6
15	11	56,3	44	21	37,1	73	24	51,6
16	12	11,8	45	21	54,9	74	24	57,3
17	12	65,2	46	21	72,0	75	24	62,8
18	13	16,6	47	21	88,5	76	24	68,0
19	13	65,9	48	22	04,3	77	24	73,1
20	14	13,4	49	22	19,5	78	24	78,0
21	14	59,0	50	22	34,2	79	24	82,7
22	15	02,9	51	22	48,2	80	24	87,2
23	15	45,1	52	22	61,8	81	24	91,5
24	15	85,7	53	22	74,8	82	24	95,7
25	16	24,7	54	22	87,3	83	24	99,7
26	16	62,2	55	22	99,3	84	25	00,0
27	16	98,3	56	23	10,9	und mehr.		
28	17	33,0	57	23	22,0			
29	17	66,3	58	23	32,7			

Stempeltarif.

Lfd. Nr.	Gegenstand der Besteuerung	Steuersatz v. H.	Mk.	Pf.	Berechnung der Stempelabgabe
1.	(1) **Abschriften,** beglaubigte, unter denselben Voraussetzungen wie Zeugnisse, amtliche in Privatsachen, s. diese: *Allg. V. § 1 Abs. 1 Lit. c u. § 10 Abs. 6.*				
	(2) Befreit sind Beglaubigungen der Rechtsanwälte im Prozeßverfahren. *Vgl. die Anm. zu der bish. Tarifstelle 1 auf S. 87 u. 88 dieses Buches.*				
2.	**Abtretung von Rechten.**				
	(1) Beurkundungen über die Abtretung von Rechten sowie Indossamente, sofern nicht nach § 4 zweiter Absatz des Reichsstempelgesetzes Stempelfreiheit eintritt oder die Bestimmungen der Tarifstelle „Kauf- und Tauschverträge" sechster bis einschließlich neunter Absatz zur Anwendung kommen, ...	1/20	—	—	des Wertes der Gegenleistung oder, wenn eine solche in der Urkunde nicht enthalten ist, des Geldbetrages oder des Wertes des abgetretenen Rechtes,
	mindestens aber	—	1	50	
	ist der Wert des abgetretenen Rechtes nicht schätzbar	—	5	—	
	(2) Befreit sind Beurkundungen der Übertragungen der Konnossemente der Seeschiffer, Ladescheine der Frachtführer und Auslieferungsscheine (Lagerscheine, warrants) über Waren oder andere bewegliche Sachen durch Indossament.				
	(3) Schriftliche Benachrichtigungen an den Verpflichteten über die erfolgte Abtretung eines Rechtes sind, wenn nicht eine mit dem tarifmäßigen Stempel versehene Abtretungsurkunde vorliegt, wie Beurkundungen der Abtretung zu versteuern, sofern nach der Ver-				

Lfd. Nr.	Gegenstand der Besteuerung	Steuersatz v. H.	Mk.	Pf.	Berechnung der Stempelabgabe
(2.)	kehrssitte über die Abtretung eine förmliche Urkunde errichtet zu werden pflegt und beabsichtigt ist, durch die schriftliche Benachrichtigung die Aufnahme einer solchen Urkunde zu ersetzen. Dem Stempel für Abtretungen unterliegen auch Anträge auf Umschreibung vor dem 1. Oktober 1881 ausgestellter Namenaktien im Aktienbuche, falls nicht eine mit dem tarifmäßigen Stempel versehene Abtretungsurkunde errichtet ist.				
	(4) Der Antrag auf Eintragung der Abtretung einer Hypothek oder Grundschuld im Grundbuch oder in einem für solche Eintragungen bestimmten öffentlichen Buche . .	1/20	—	—	des Betrages der Hypothek oder Grundschuld oder d. Ablösungssumme der Rentenschuld,
	Allg. V. § 1 Abs. 1 Lit. b u. § 2 Abs. 1 Lit. b, § 19.				
	mindestens aber	—	1	50	
	(5) Die Abgabe wird nur erhoben, falls die beantragte Eintragung in den Grund- oder öffentlichen Büchern vermerkt worden ist.				
	(6) Der Stempel wird nicht erhoben oder erstattet, wenn die Urkunde über die dem Antrage zugrunde liegende Abtretung in an sich stempelpflichtiger Form in Urschrift, Ausfertigung oder beglaubigter Abschrift vorgelegt wird. So lange nicht die Urkunde vorgelegt ist, kann der Stempel vorbehaltlich seiner Erstattung eingezogen werden. Die Erstattung kann nur innerhalb zweier Jahre nach Entrichtung des Stempels beantragt werden. Als eine die Abtretung enthaltende Urkunde ist nur eine solche anzusehen, welche die Abtretung so enthält, wie sie unter den Beteiligten hinsichtlich des Wertes der Gegenleistung verabredet ist.[2]				
	Allg. V. § 9 Abs. 2 Lit. a.				
	(7) Betrifft der Antrag eine Hypothek oder Grundschuld, für welche mehrere Grundstücke haften, so wird die Abgabe nur einmal erhoben.				
	(8) Wird nach der Zahlung des Stempels für den Eintragungsantrag die Urkunde über das der Eintragung zugrunde liegende Geschäft errichtet, so ist auf den zu dieser Urkunde erforderlichen Wertstempel der für den				

Lfd. Nr.	Gegenstand der Besteuerung	Steuersatz v. H.	Mk.	Pf.	Berechnung der Stempelabgabe
(2.)	Eintragungsantrag gezahlte Stempel anzurechnen. Die Anrechnung ist innerhalb der im § 16 angegebenen Fristen auf der Urkunde amtlich zu vermerken. Soweit eine Anrechnung erfolgt, ist eine Erstattung des für den Eintragungsantrag gezahlten Stempels ausgeschlossen.[2] (9) Befreit sind: Urkunden, wodurch eine Forderung einem Kommunalverband, einer Kommune oder einer Korporation ländlicher oder städtischer Grundbesitzer oder einer Grund-, Kredit- und Hypothekenbank abgetreten wird, falls auf Grund der Abtretung reichsstempelpflichtige Renten- oder Schuldverschreibungen demnächst ausgereicht werden. *Allg. V. § 10 Abs. 3.* *Vgl. die Anm. zu der bish. Tarifstelle 2 auf S. 91 bis 96 dieses Buches.*				
3.	**Aftermiet- oder Afterpachtverträge,** s. Pachtverträge.				
4.	(1) **Annahme an Kindes Statt,** Verträge darüber . . . . *Allg. V. § 2 Abs. 1 Lit. e.* (2) Bei nachgewiesener Bedürftigkeit kann der Stempel auf 5 Mark ermäßigt werden. *Allg. V. § 6 Abs. 2, § 9 Abs. 1 und Abs. 2 Lit. c.* *Vgl. die Anm. zu der bish. Tarifstelle 4 auf S. 97 dieses Buches.*	—	50	—	
5.	**Apotheken,** s. Erlaubniserteilungen, Buchstaben a.				
6.	**Approbationsscheine,** s. Erlaubniserteilungen, Buchstaben b.				
7.	**Atteste,** amtliche, wie Zeugnisse, amtliche in Privatsachen, s. diese.				

Zu Tarifnummer 2.

1. Die Bestimmung des Abs. 4 in der Spalte 5, daß der Berechnung der Stempelabgabe bei der Abtretung von Rentenschulden die Ablösungssumme zugrunde zu legen ist, entspricht den §§ 1199ff. BGB. Begr. S. 4 (09).

2. Die im Entwurf vorgesehene veränderte Fassung der Abs. 6 und 8 ist derjenigen der Abs. 3—5 der Tarifstelle 8 angepaßt. Die Änderung rechtfertigt sich aus der Begr. zur Tarifstelle 8. Begr. S. 4 (09).

Lfd. Nr.	Gegenstand der Besteuerung	Steuersatz v. H.	Mk.	Pf.	Berechnung der Stempelabgabe
8.	(1) **Auflassungen** von im Inlande gelegenen Grundstücken und Anträge auf Eintragung der Begründung oder Übertragung von Erbbaurechten oder sonstigen Rechten, welche ein Grundbuchblatt erhalten können,[1] in Fällen der freiwilligen Veräußerung . . . *Allg. V. § 1 Abs. 1 Lit. b, c Abs. 2, § 13 Abs. 1.* Der Antrag auf Umschreibung von Gesellschaftseigentum auf den Namen eines Gesellschafters unterliegt dem Auflassungsstempel auch dann, wenn nach den Vorschriften des bürgerlichen Rechtes eine Auflassung nicht erforderlich ist.[2, 2a] *Allg. V. § 1 Abs. 1 Lit. b, § 13 Abs. 1.* (2) Die Abgabe wird nur erhoben, falls die beantragte Eintragung in das Grundbuch erfolgt ist. Einem anderen Stempel unterliegen die Auflassungserklärungen oder Eintragungsanträge nicht. *Allg. V. § 17.* (3) Der Auflassungsstempel wird nicht erhoben oder erstattet, wenn die das Veräußerungsgeschäft enthaltende, in an sich stempelpflichtiger Form ausgestellte Urkunde in Urschrift, Ausfertigung oder beglaubigter Abschrift vorgelegt wird. Solange nicht die Urkunde über das Veräußerungsgeschäft vorgelegt ist, kann der Auflassungsstempel vorbehaltlich seiner Erstattung eingezogen werden. Die Erstattung kann nur innerhalb zweier Jahre nach Entrichtung des Stempels beantragt werden. *Allg. V. § 2 Abs. 1 Lit. b, § 9 Abs. 1 Lit. a, §§ 14—16.* (4) Der Auflassungsstempel wird jedoch erhoben, wenn die Urkunde: 1. das Rechtsgeschäft nicht so enthält, wie es unter den Beteiligten hinsichtlich des Wertes der Gegenleistung verabredet ist; *Allg. V. § 14 Abs. 4.*	1	—	—	des Wertes des veräußerten Gegenstandes. *Allg. V. § 13 Abs. 2, § 14 Abs. 5*

Lfd. Nr.	Gegenstand der Besteuerung	Steuersatz v. H.	Steuersatz Mk.	Steuersatz Pf.	Berechnung der Stempelabgabe

(8.) 2. auf Grund des § 21 des Reichsstempelgesetzes der in der Tarifstelle „Kauf- und Tauschverträge" verordneten Stempelabgabe nicht unterliegt, insoweit nicht die Voraussetzungen der Ziffern 1 und 2 der Ermäßigungen und Befreiungen der genannten Tarifstelle vorhanden sind;

Allg. V. § 14 Abs. 5.

3. die Veräußerung eines Grundstücks durch einen Bevollmächtigten enthält, sofern die Veräußerung erweislich für Rechnung des Bevollmächtigten erfolgt ist. Bei der Beurteilung der Frage, ob die Veräußerung für Rechnung des Bevollmächtigten erfolgt ist, sind auch solche Umstände in Betracht zu ziehen, welche aus der Urkunde nicht ersichtlich sind;[3]

Allg. V. § 14 Abs. 6.

4. einen der in der Tarifstelle 25 d bezeichneten Verträge enthält, insoweit nicht ein Wertstempel von 1 vom Hundert zu entrichten oder der Vertrag nach der Ziffer 1 Abs. 2 oder der Ziffer 2 Abs. 3 der genannten Tarifstelle von dem Stempel befreit ist.[4]

Allg. V. § 14 Abs. 7.

(5) Wird nach der Zahlung des Auflassungsstempels die Urkunde über das zu Grunde liegende Veräußerungsgeschäft errichtet, so ist auf den zu dieser Urkunde erforderlichen Wertstempel von 1 vom Hundert der gezahlte Auflassungsstempel anzurechnen. Diese Bestimmung findet auch Anwendung auf die im vorhergehenden Absatz erwähnten Wertstempel der Tarifstelle 25 d. Die Anrechnung ist innerhalb der im § 16 angegebenen Fristen auf der Urkunde amtlich zu vermerken. Soweit eine Anrechnung erfolgt, ist eine Erstattung des Auflassungsstempels auf Grund des dritten Absatzes ausgeschlossen.[5]

Allg. V. § 18.

Lfd. Nr.	Gegenstand der Besteuerung	Steuersatz v. H.	Mk.	Pf.	Berechnung der Stempelabgabe
(8.)	(6) Die Vorschriften über den Auflassungsstempel finden entsprechende Anwendung bei Anträgen auf Umschreibungen in öffentlichen Büchern, sofern das Grundbuch noch nicht als angelegt anzusehen ist. *Vgl. die Anm. zu der bish. Tarifstelle 8 auf S. 98—107 dieses Buches.*				

Zu Tarifnummer 8.

1. Als Gegenstand der Besteuerung nennt der Entwurf wie bisher an erster Stelle die Auflassung von inländischen Grundstücken (§ 925 BGB.; § 20 der Grundbuchordnung). Daneben tritt die Begründung und Übertragung solcher Rechte, welche ein Grundbuchblatt erhalten können, da diese Rechte den Grundstücken gleichstehen. Hierher gehören reichsrechtlich das Erbbaurecht (§ 1015 BGB.; §§ 7, 3 der Grundbuchordnung), landesrechtlich insbesondere das Bergwerkseigentum, selbständige Kohlenabbau-Gerechtigkeiten und andere selbständige Gerechtigkeiten (Art. 22 ff. AG. zur Grundbuchordnung) sowie Bahneinheiten, §§ 1, 4, 16 des Gesetzes, betreffend das Pfandrecht an Privateisenbahnen und Kleinbahnen und die Zwangsvollstreckung in dieselben vom 19. August 1895, in der Fassung der Bekanntmachung vom 8. Juli 1902 (GS. S. 237).

Für andere selbständige Gerechtigkeiten als Kohlenabbau-Gerechtigkeiten (Art. 40 Abs. 1 AG. z. BGB.) wird nur auf Antrag des Berechtigten ein Grundbuchblatt angelegt, soweit sich nicht aus den für die Anlegung der Grundbücher geltenden Vorschriften ein anderes ergibt (Art. 27 Abs. 2 AG. zur Grundbuchordnung). Es sind Zweifel entstanden, ob die Übertragung derartiger selbständiger Gerechtigkeiten nur unter der Voraussetzung stempelpflichtig ist, daß sie ein Grundbuchblatt erhalten haben. Der Entwurf entscheidet die Frage dem wirtschaftlichen Zwecke einer Besteuerung des Güterumsatzes entsprechend dahin, daß es für die Steuerpflicht genügt, daß die Gerechtigkeit ein Blatt erhalten kann. Begr. S. 5 (09).

2. Welchem Zwecke diese Bestimmung dienen soll, ergibt die Begr. zu der Tarifstelle 25d.

2a. Es liegt Anlaß vor, den namentlich auf dem Gebiete des spekulativen Grundstückshandels immer mehr hervorgetretenen Umgehungen des staatlichen Wertstempels durch gesetzgeberische Maßnahmen vorzubeugen. Gesellschaften mit beschränkter Haftung und andere Gesellschaften, die zum Zwecke des Erwerbes und der Wiederveräußerung von Grundstücken gebildet werden (sogenannte Terraingesellschaften), ersparen jetzt die einprozentige Stempelabgabe in gesetzlich zulässiger Weise vielfach dadurch, daß nach Errichtung des Gesellschaftsvertrages die Geschäftsanteile im Wege der Abtretung an andere Gesellschafter oder Dritte übereignet werden und daß, sobald die sämtlichen Anteile an eine Person abgetreten sind, diese die Grundstücke durch grundbuchmäßige Umschreibung auf ihren Namen erwirbt. Auf diese Weise ist der

Noch: Zu Tarifnummer 8.

Stempel von 1 v. H. nur für die erstmalige Einbringung des Grundstücks nach der Tarifstelle 25c zu entrichten, während die Übertragungen der Geschäftsanteile lediglich den geringen Abtretungsstempel von 1/50 v. H. nach der Tarifstelle 2 und 25d erfordern und auch die Umschreibung der Grundstücke auf den Namen desjenigen, der die gesamten Geschäftsanteile in seiner Hand vereinigt, nicht dem einprozentigen Auflassungsstempel der Tarifstelle 8 unterworfen werden kann, sondern stempelfrei ist, weil nach der reichsgerichtlichen Rechtsprechung in solchen Fällen nicht ein Eigentumswechsel vorliegt, sondern nur eine Verwirklichung des dem Gesellschafter auf das gesamte Gesellschaftsvermögen zustehenden Rechts. Um diese nur die Grundstücksspekulationen fördernden Steuerersparungen tunlichst zu verhindern und wenigstens die Umschreibungen im Grundbuche zu derselben Steuer heranziehen zu können, wie sie bei jedem regelrechten Kauf gezahlt werden muß, sieht der Entwurf in der Tarifstelle 8 (Auflassungen) eine Bestimmung vor, wonach Umschreibungen von Gesellschaftseigentum wie andere Auflassungen mit 1 v. H. auch dann zu versteuern sind, wenn nach den Vorschriften des bürgerlichen Rechts eine Auflassung nicht erforderlich ist. Begr. Allg. S. 2—3 (09).

3. Im Abs. 4 würden zwecks Verhinderung der Umgehung des Immobiliarstempels Ausnahmen von der Bestimmung des Abs. 3 festgesetzt. Ziffer 3 beziehe sich auf die sogenannten Parzellierungsverträge. Wirtschaftlich betrachtet, seien diese Verträge, inhalts deren der Bevollmächtigte das Veräußerungsgeschäft mit dem Dritten für eigene Rechnung abschließe, doch nichts weiter als Kaufverträge, daher sei es billig, sie dem Immobiliarstempel zu unterwerfen.

Die Durchführung dieser gesetzgeberischen Absicht solle in der Weise erfolgen, daß der Auflassungsstempel erhoben werden sollte, wenn die zur Ersparung des Auflassungsstempels vorgelegte Urkunde die Veräußerung des Grundstückes durch einen Bevollmächtigten enthalte und diese Veräußerung erweislich für Rechnung des Bevollmächtigten, also nicht mehr für Rechnung des Machtgebers erfolgt sei. Man habe es als selbstverständlich betrachtet, daß bei der Beurteilung der Frage, ob die Veräußerung für Rechnung des Bevollmächtigten erfolgt sei, nicht bloß die Urkunde, sondern auch außerhalb der Urkunde liegende Umstände in Betracht gezogen werden könnten, da ja die Urkunde zu dem Zwecke abgefaßt sei, den Immobiliarstempel zu ersparen. KB. S. 8 (09).

4. Ein Mitglied der Subkommission bat um Zusammenstellung der unter diese Position zu subsummierenden Fälle; es sei ihm nicht klar, wie die Möglichkeit der Erhebung des Auflassungsstempels hier noch gegeben sei, wenn nach Tarifstelle 25d der Wertstempel mit 1 v. H. zu entrichten sei, und nach der Bestimmung in Abs. 3 der Auflassungsstempel nicht erhoben werde, wenn die Veräußerungsurkunde vorliege.

Ein Kommissar des Finanzministers erklärte, diese Möglichkeit sei dadurch gegeben, daß nach Tarifstelle 25d der Wertstempel von 1% in manchen Fällen nur teilweise erhoben werden könne. Bei der Auflösung einer offenen Handelsgesellschaft z. B. bleibe derjenige Teil, welcher der Beteiligung des erwerbenden Gesellschafters an dem Gesellschaftsvermögen entspreche, außer Ansatz. Betrage z. B. der Anteil am Gesellschaftsvermögen die Hälfte, so würde nur die Hälfte des 1%igen Wertstempels zu der Urkunde zu entwerten

Noch: Zu Tarifnummer 8.

sein. Wenn eine derartige Urkunde bei der Auflassung vorgelegt werde, solle die Differenz zwischen dem halben und dem ganzen Stempel bei der Auflassung nacherhoben werden. Bisher seien bei der Auflösung offener Handelsgesellschaften ebenfalls Umgehungen des Kaufstempels bemerkt worden. Wenn beispielsweise A sein Grundstück an B verkaufen wollte, so werde zu diesem Zwecke von beiden eine offene Handelsgesellschaft gegründet, in welche A das Grundstück, B seine Arbeitskraft einbringe. Alsdann werde die Gesellschaft in das Handelsregister eingetragen und, nachdem das geschehen, setzten sich die Gesellschafter wieder auseinander. Bei dieser Auseinandersetzung erwerbe B dann das ursprünglich von A eingebrachte Grundstück. B brauche, wenn sein Anteil an dem Gesellschaftsvermögen die Hälfte betrage, nur die Hälfte des Stempels zu zahlen; lege er sodann bei der Auflassung den Auseinandersetzungsvertrag vor, so würde ein weiterer Stempel nicht erhoben, die andere Hälfte des Wertstempels von 1% also erspart werden können, wenn nicht die Bestimmung des Abs. 4 Ziffer 4 eingeführt würde.

Dem habe ein Riegel vorgeschoben werden sollen.

Im Laufe der weiteren Erörterungen wurde von anderer Seite bemerkt, daß die vorerwähnte Bestimmung zu großen Härten in denjenigen Fällen führen könne, wenn A das in die Gesellschaft von ihm eingebrachte Grundstück bei der Auseinandersetzung wieder zurückerwerbe. Regierungsseitig wurde entgegnet, daß solche Härten nicht vorkommen könnten, weil nach der Befreiungsvorschrift der Tarifstelle 25d Ziffer 2 Abs. 3 die Rückgewähr eines von einem Gesellschafter eingebrachten Grundstückes stempelfrei sei und nach der ausdrücklichen Vorschrift der Tarifstelle 8 Abs. 4 Ziffer 4 die Vorlegung der über die Rückgewähr errichteten Vertragsurkunde den Auflassungsstempel ausschließe.

Man war sich im übrigen in der Subkommission darüber klar, daß der wesentlichste Zweck des Abs. 4 Ziffer 4 der Tarifstelle 8 darin bestehe, in denjenigen Fällen die Ersparung des Immobiliarstempels zu verhüten, in denen bei der Auflösung von Gesellschaften mit beschränkter Haftung, Aktien-Gesellschaften und Gewerkschaften ein Gesellschafter die Anteile der sämtlichen übrigen Gesellschafter in seiner Hand vereinige. Nach der gegenwärtigen Gesetzeslage könne, wenn ein solcher Gesellschafter die Grundstücke zu Sondereigentum erwerbe, ein Wertstempel zu den Vertragsurkunden nicht erhoben werden, weil er das gesamte Gesellschaftsvermögen in seiner Person vereinige, mithin für die Erhebung des Stempels überhaupt kein Raum bleibe.

Ebensowenig könne aber nach dem bestehenden Recht ein Auflassungsstempel erfordert werden, weil die Vorlegung der Veräußerungsurkunden unterschiedslos die Erforderung des Auflassungsstempels ausschließe.

Diese letzteren Bestimmungen würden durch den Abs. 4 Ziffer 4 nunmehr beseitigt, da danach der Auflassungsstempel ungeachtet der Vorlegung des Auseinandersetzungsvertrages, abgesehen von den beiden Befreiungsfällen der Tarifstelle 25d, erhoben werde. KB. S. 10—11 (09).

5. Lediglich zur Beseitigung von Mißverständnissen ist am Schlusse des Abs. 5 die keiner weiteren Begründung bedürfende Bestimmung hinzugefügt, daß der Auflassungsstempel auf Grund des 3. Absatzes insoweit nicht zurückgefordert werden kann, als er auf den zu einer nachträglich errichteten Urkunde erforderlichen Wertstempel angerechnet worden ist.

Lfd. Nr.	Gegenstand der Besteuerung	Steuersatz v. H.	Steuersatz Mk.	Steuersatz Pf.	Berechnung der Stempelabgabe
9.	**Auktionen,** d. h. Beurkundungen von Versteigerungen nicht zu den unbeweglichen Sachen gehöriger Gegenstände durch öffentliche Beamte, sofern diese nicht als Vertreter der Korporation, in deren Dienste sie angestellt sind, handeln, oder durch gewerbsmäßige Auktionatoren (§ 36 der Reichsgewerbeordnung)	1/3	—	—	des Gesamterlöses nach Abzug der Kosten.
10.	(1) **Ausfertigungen** von Schriftstücken der Behörden und Beamten, einschließlich der Notare, jedoch mit Ausnahme der Ausfertigungen der Schiedsmänner, sofern für die Schriftstücke nicht ein durch diesen Tarif bestimmter Stempel zu entrichten ist	—	3	—	
	Allg. V. § 1 Abs. 1 Lit. a.				
	(2) Befreit sind Ausfertigungen:				
	a) von Bescheiden auf Gesuche, Anfragen und Anträge in Privatangelegenheiten, sie mögen in Form eines Antwortschreibens, einer Verfügung, Verfügungsabschrift oder einer auf die zurückgehende Bittschrift selbst gesetzten Verfügung erlassen werden;				
	b) von Genehmigungen der zuständigen Behörden in Bausachen.				
11.	(1) **Auszüge** aus den Akten, öffentlichen Verhandlungen, amtlich geführten Büchern, Registern und Rechnungen, wenn sie für Privatpersonen auf ihr Ansuchen ausgefertigt werden	—	3	—	
	Allg. V. § 1 Abs. 1 Lit. c.				
	(2) Befreit sind die auf den Personenstand (Geburten, Heiraten, Sterbefälle usw.) bezüglichen Auszüge aus amtlich geführten Büchern und Standesregistern.				
	Vgl. die Anm. zu den bish. Tarifstellen 9—11 auf S. 108—117 dieses Buches.				
11a.	**Automaten und Musikwerke.**				
	1. Jahreskarten,[1a, 4a] auch nicht unterschriebene, für jeden auf Bahnhöfen oder anderen öffentlichen Orten und Plätzen oder in Gast- und Schankwirtschaften[1b] zur Aufstellung gelangenden[4a]				
	a) Warenautomaten				
	mit einem Warenbehälter bis vier Warenbehältern	—	1	—	
	mit mehr als vier Warenbehältern . .	—	2	—	

Lfd. Nr.	Gegenstand der Besteuerung	Steuersatz v. H.	Mk.	Pf.	Berechnung der Stempelabgabe
(11a.)	b) Stereoskop-, Schau- oder Scherzautomaten	—	3	—	
	c) Musikautomaten oder für jedes an den vorbezeichneten Stellen zur Aufstellung gelangende mechanische[1c] Musikwerk, einschließlich der Grammophone, Phonographen und ähnlichen Apparate, wenn der Anschaffungspreis oder in Ermangelung eines solchen der Wert des Automaten oder Musikwerkes beträgt:				
	nicht mehr als 100 Mark	—	2	—	
	mehr als 100 Mark, aber nicht mehr als 300 Mark	—	3	—	
	mehr als 300 Mark, aber nicht mehr als 500 Mark	—	5	—	
	mehr als 500 Mark, aber nicht mehr als 1000 Mark	—	10	—	
	mehr als 1000 Mark, aber nicht mehr als 2000 Mark	—	20	—	
	mehr als 2000 Mark, aber nicht mehr als 3000 Mark	—	30	—	
	mehr als 3000 Mark, aber nicht mehr als 4000 Mark	—	40	—	
	mehr als 4000 Mark	—	50	—	
	d) Automaten anderer Art als die unter a bis c aufgeführten[2. 2a]	—	1	—	
	2. Entsteht die Abgabepflicht für die unter Ziffer 1 aufgeführten Gegenstände in der Zeit zwischen dem 1. Juli und 31. Dezember, so beträgt für diese Zeit der Stempel die Hälfte der vorstehenden Steuersätze.				
	3. Befreit sind Automaten,				
	a) die zu Betriebszwecken öffentlicher Behörden aufgestellt werden,[3]				
	b) die zur Verabreichung von Speisen und Getränken in Restaurationen[4. 4a] und solche, die zur Abgabe von Gas und Elektrizität zu hauswirtschaftlichen und kleingewerblichen Zwecken dienen.				
	4. Der Eigentümer[4b] eines Automaten oder eines Musikwerkes oder, wenn der Automat oder das Musikwerk einem anderen zur Ausnützung überlassen worden ist, dieser, hat spätestens innerhalb eines Monats nach dem Tage der Inbetriebsetzung des Automaten				

Lfd. Nr.	Gegenstand der Besteuerung	Steuersatz v. H.	Mk.	Pf.	Berechnung der Stempelabgabe
(11a.)	oder des Musikwerkes und für die Folge spätestens innerhalb des Monats Januar jeden Kalenderjahres bei der zuständigen Behörde[1a] gegen Zahlung des Abgabenbetrages die hier bezeichnete Jahreskarte zu lösen.[5. 5a] 5. Die Vorschrift des § 4a findet keine Anwendung.				

Zu Tarifnummer 11a.

1a. Die Jahreskarten sind von demjenigen Hauptzoll- oder Zollamt zu erteilen, in dessen Bezirke der Steuerpflichtige seinen Wohnsitz oder seine Handelsniederlassung hat. FM. 10. 7. 09 III 10809.

1b. Automaten oder Musikwerke, welche verschlossen und unbenutzt an einem der in Ziff. 1 bezeichneten Orte oder Platze stehen, sind nicht abgabepflichtig. FM. 10. 7. 09 III 10809.

1c. Unter Ziffer 1 ist nur von Musikwerken die Rede. Wir möchten davor das Wort „mechanische" eingefügt haben, damit nur mechanische Musikwerke dem Stempel unterworfen sind, nicht auch solche, die unmittelbar von Menschenhand in Bewegung gesetzt werden. Wir denken dabei an die zahlreichen in Wirtschaften aufgestellten Klaviere, deren Verstempelung wir nicht wollen. Drucks. 09 AbgH. S. 7035.

2. Ein Abgeordneter wies darauf hin, daß, wenn die Befreiung nur auf die von öffentlichen Behörden aufgestellten Automaten sich erstrecke, seiner Ansicht nach z. B. die Billettverkaufsautomaten der Untergrundbahn unter das Gesetz fielen und stempelpflichtig sein würden.

Ein Kommissar der Finanzverwaltung erklärte dies für zutreffend und wies darauf hin, daß diese Automaten erst recht den Stempel tragen könnten.

Dieser Auffassung wurde von einem Abgeordneten widersprochen, während die Kommission im übrigen, wie der Vorsitzende ausdrücklich feststellte, die gleiche Ansicht vertrat. KB. S. 14 (09).

2a. Die Frage der Automaten der Untergrundbahnen ist schon in der Kommission Gegenstand der Erörterungen gewesen, und wir haben damals geglaubt, diese Frage dahin beantworten zu müssen, daß gar kein Grund vorliege, die Karten für die Untergrundbahn vom Stempel frei zu lassen. Wir haben uns keineswegs verhehlt, daß damit ein gemeinnütziges Interesse konkurriert, haben uns aber andererseits gesagt, daß die Untergrundbahn durch Aufstellung solcher Automaten Beamtenkräfte erspart, und daß es durchaus für angemessen zu erachten ist. Drucks. 09 AbgH. S. 7044.

3. Ferner ist die Staatsregierung noch gefragt worden, wie es sich mit den Automaten in den öffentlichen Bedürfnisanstalten verhält. Es handelt sich da in der Hauptsache um Automaten, die in Betrieben öffentlicher Behörden aufgestellt werden, und diese würden von der Steuer befreit sein. A. a. O.

Noch: Zu Tarifnummer 11a.

4. Ich möchte zu den Worten „Speisen und Getränke" noch ein Wort der Erklärung sagen. Es soll ja damit das automatische Restaurant geschont werden, aber nur, soweit es die Abgabe der üblichen Speisen und Getränke vornimmt; es soll also nicht stempelfrei bleiben ein Automat, der innerhalb eines automatischen Restaurants Schokolade oder Zigarren abgibt. Ich möchte das ausdrücklich hier hervorheben und bitte, mir ein Wort der Bestätigung von anderer Seite, ev. von seiten der Königlichen Staatsregierung zu sagen, damit darüber kein Zweifel entstehen kann.

4a. Ein Regierungskommissar erwiderte: Ich möchte diese Anfrage bejahen und bin der Meinung, daß nur diejenigen Automaten in den automatischen Restaurationen frei sind, die Speisen und Getränke an das Publikum abgeben, daß aber alle anderen Automaten in solchen automatischen Restaurationen, beispielsweise also diejenigen, die Zigarren an das Publikum abgeben, der Steuer unterliegen. A. a. O. u. FM. 10. 7. 09 III 10809.

4b. Also diejenigen, welche die Automaten entweder für sich selbst hergestellt haben (die Automaten- usw. Fabrikanten oder Unternehmer) oder diejenigen, welche das Eigentum daran von den Herstellern oder anderen Personen erworben haben. Die Verpflichtung zur Versteuerung besteht aber für die Eigentümer nur hinsichtlich derjenigen Automaten usw., welche sie selbst ausnützen, indem sie die Erträge selbst vereinnahmen. In dieser Beziehung macht es keinen Unterschied, daß die Eigentümer der Automaten usw. denjenigen, in deren Wirtschaften oder Räumen die Apparate aufgestellt sind, als Entgelt für die Duldung der Aufstellung oder die Bedienung gewisse Bruchteile des Ertrages abgeben. Insoweit hiernach eine Versteuerung durch die Eigentümer nicht zu bewirken ist, liegt die Steuerpflicht demjenigen ob, welchen die Automaten oder Musikwerke leih- oder mietweise oder auf Grund irgendeines andern Rechtsgeschäfts zur eigenen Ausnützung (also zur Vereinnahmung der Erträge) überlassen worden sind. FM. 14. 7. 09 III 11483. ZBl. S. 269.

4c. Ein Wechsel in der Person des Steuerpflichtigen oder eine Änderung des Standorts des Apparates innerhalb des versteuerten Zeitraumes begründet die Steuerpflicht nicht von neuem. Dasselbe gilt, wenn Automaten oder Musikwerke im Laufe des bereits versteuerten Zeitraumes zwecks Ausbesserung oder zu andern Zwecken vorübergehend von ihren Standorten entfernt und durch andere gleich große oder gleichwertige Apparate ersetzt werden, oder wenn Automaten, um eine Unterbrechung des Warenverkaufs zu vermeiden, gegen neue gleich große Automaten umgetauscht sind. Nur bei Versteuerung im Wege der Abfindung (§ 14 Abs. 2 d. G.) müssen diejenigen Automaten oder Musikwerke, die im Laufe des versteuerten Zeitraumes von der zur Aversionalversteuerung zugelassenen Person aus dem Betriebe gezogen und anderen Personen zur Ausnützung überlassen worden sind, von den neuen Inhabern wiederum versteuert werden. FM. 14. 7. 09 III 11483. ZBl. S. 269.

5. Ich meine, der Zahlungspflichtige kann immer nur der Eigentümer des Automaten sein. Ich kann nicht denjenigen, der den Automaten aufstellt, heranziehen; denn ein großer Teil der Automaten wird auf öffentlichen Plätzen aufgestellt, und da kann immer nur der Eigentümer der Zahlungspflichtige sein; denn sonst müßte man ja den Inhaber dieser öffentlichen Plätze — das sind die Gemeinden usw. — zur Steuer heranziehen, und das kann man doch unmöglich tun.

Lfd. Nr.	Gegenstand der Besteuerung	Steuersatz v. H.	Mk.	Pf.	Berechnung der Stempelabgabe
12.	**Bestallungen** für besoldete **Beamte**	—	1	50	
	für unbesoldete **Beamte** . . . . frei.				
	Allg. V. § 1 Abs. 3.				
	Vgl. die Anm. zu der bish. Tarifstelle 12 auf S. 117—118 dieses Buches.				
13.	**Bürgschaften,** s. Sicherstellung von Rechten.				
14.	**Cessions-Instrumente,** s. Abtretung von Rechten.				
15.	**Consense** zur Übernahme einer Vormundschaft seitens eines Beamten oder einer Militärperson . . . . frei				
16.	(1) **Duplikate** (Nebenausfertigungen) von stempelpflichtigen Urkunden	—	3	—	
	jedoch nicht über den zu der stempelpflichtigen Urkunde selbst erforderlichen Stempel hinaus.				
	Allg. V. § 1 Abs. 1 Lit. a.				
	(2) Befreit sind Duplikate von Jagdscheinen.				
17.	**Eheversprechen**	—	1	50	
18.	**Eheverträge**	—	5	—	
	wird durch dieselben über Vermögensgegenstände von nicht mehr als 6000 Mark verfügt	—	1	50	
19.	Fällt aus.[1]				

Noch: Zu Tarifnummer 11a.

Wenn dann weiter gefragt wird, welches die zuständige Behörde sei, die diesen Stempel vereinnahmen solle, so kann das nur die Zollbehörde sein. Das kann aber nicht im Gesetz gesagt werden, sondern muß natürlich den Ausführungsbestimmungen überlassen bleiben und wird dort eingehend geregelt werden, so daß der Steuerpflichtige nicht im Zweifel sein wird, an wen er sich im Einzelfalle zu wenden hat. Drucks. 09 AbgH. S. 7041. Vgl. ferner Anm. 1a und 4b.

5a. Soweit eine Versteuerung im Wege der Abfindung nicht gewünscht wird, in welchem Falle eine Ausfertigung von Jahreskarten und Entwertung von Stempelmarken nicht stattfindet, tritt Einzelversteuerung durch Erteilung von Jahreskarten ein. Die erste Versteuerung umfaßt den Zeitraum vom 1. Juli bis 31. Dezember 1909, die weiteren Versteuerungen erstrecken sich auf das laufende Kalenderjahr. Vorausversteuerung für mehrere Jahre ist zulässig. Für jeden Automaten oder jedes Musikwerk wird eine besondere Karte erteilt. Befinden sich mehrere Automaten desselben Steuerpflichtigen an demselben Standort, so kann auf Antrag eine Gesamtkarte ausgestellt werden. Die Marken sind in die auf der Karte vorgesehenen Felder einzukleben. FM. 14. 7. 09 III 11483. ZBl. S. 269.

Zu Tarifnummer 19.

1. Ein Mitantragsteller machte darauf aufmerksam, daß alle Kommentatoren darüber einig seien, daß diese Tarifstelle hinfällig geworden sei, da

Lfd. Nr.	Gegenstand der Besteuerung	Steuersatz v. H.	Mk.	Pf.	Berechnung der Stempelabgabe
20	**Erbrezesse** (Erbteilungsverträge), durch welche die Verteilung einer erbschaftssteuerpflichtigen Erbschaft beurkundet wird	$1/25$	—	—	des Wertes des Reinnachlasses, soweit über denselben im Erbrezesse verfügt ist,
	jedoch mindestens	—	1	50	
	Erbrezesse über erbschaftssteuerfreie Erbschaften	—	1	50	
	Vgl. die Anm. zu der bish. Tarifstelle 20 auf S. 120—121 dieses Buches.				
21.	**Erbverträge**, s. Verfügungen von Todes wegen.				
22.	**Erlaubniserteilungen** (Approbationen, Konzessionen, Genehmigungen usw.) der Behörden in gewerbepolizeilichen Angelegenheiten:				
	a) (1) Konzessionen				
	zum Betrieb einer Apotheke,[1]				
	wenn die Konzession vererblich und veräußerlich ist	$1/2$	—	—	des Wertes der Konzession,
	mindestens aber	—	150	—	
	sonst	—	150	—	
	zur Errichtung einer Zweig- (Filial-) Apotheke	—	10	—	
	zur Verlegung einer Apotheke auf Antrag des Besitzers	—	20	—	
	(2) Befreit sind die vererblichen und veräußerlichen Konzessionen für diejenigen, welche dieselben erbschaftssteuerfrei ererbt haben.				
	(3) Außerdem findet die Bestimmung unter Ziffer 2 Ermäßigungen und Befreiungen der Tarifstelle „Kauf- und Tauschverträge" sinngemäße Anwendung.				
	b) Approbationen für				
	Apotheker	—	1	50	
	diejenigen Personen, welche sich als Ärzte (Wundärzte, Augenärzte, Geburtshelfer, Zahnärzte und Tierärzte) oder mit gleich-				

Noch: Zu Tarifnummer 19.

es eine Entlassung aus der väterlichen Gewalt nicht mehr gebe. Es gebe nur noch Volljährigkeitserklärungen, und diese unterlägen dem Stempel nicht.

Ein Kommissar der Finanzverwaltung bat, diese Tarifstelle nicht zu streichen. Sie sei allerdings obsolet geworden; die Staatsregierung habe aber trotzdem von einer Streichung Abstand genommen, um nicht die ganze Nummernfolge zu stören. KB. S. 14 (09).

Lfd. Nr.	Gegenstand der Besteuerung	Steuersatz v. H.	Mk.	Pf.	Berechnung der Stempelabgabe
(22.)	bedeutenden Titeln bezeichnen oder seitens des Staates oder einer Gemeinde als solche anerkannt oder mit amtlichen Funktionen betraut werden sollen . . .	—	1	50	
	(§ 29 der Reichsgewerbeordnung);				
	c) (1) Erlaubniserteilungen für Unternehmer von Privat-Kranken-, Privat-Entbindungs- und Privat-Irrenanstalten (§ 30 der Reichsgewerbeordnung); zum Betriebe des Gewerbes als Schauspielunternehmer (§ 32 der Reichsgewerbeordnung); zum ständigen Betriebe der Gastwirtschaft, Schankwirtschaft oder des Kleinhandels mit Branntwein oder Spiritus (§ 33 der Reichsgewerbeordnung); zur gewerbsmäßigen öffentlichen Veranstaltung von Singspielen, Gesangs- und deklamatorischen Vorträgen, Schaustellungen von Personen oder theatralischen Vorstellungen ohne höheres Interesse der Kunst oder Wissenschaft in Wirtschafts- oder sonstigen Räumen oder zur Überlassung dieser Räume zu gewerbsmäßigen öffentlichen Veranstaltungen der bezeichneten Art (§ 33a der Reichsgewerbeordnung),				
	wenn der Gewerbebetrieb				
	wegen geringen Ertrages und Kapitals von der Gewerbesteuer frei ist	—	5	—	
	in die vierte Gewerbesteuerklasse gehört	—	15	—	
	„ „ dritte „ „	—	50	—	
	„ „ zweite „ „	—	200	—	
	„ „ erste „ „	—	500	—	
	(2) Bei Erlaubniserteilungen an Vertreter oder Bevollmächtigte juristischer Personen berechnet sich die Stempelabgabe nach der Veranlagung der juristischen Person zur Gewerbesteuer.[2]				
	(3) Für Bewilligungen von Fristverlängerungen und Fristungen (§ 49 der Reichsgewerbeordnung) ein Viertel der vorstehenden Sätze.				

Lfd. Nr.	Gegenstand der Besteuerung	Steuersatz v. H.	Mk.	Pf.	Berechnung der Stempelabgabe
(22.)	(4) Befreit sind Erlaubniserteilungen für Unternehmer von Privat-Kranken-, Privat-Entbindungs- und Privat-Irrenanstalten, welche zu gemeinnützigen Zwecken dienen;				
	d) (1) Genehmigungen zur Errichtung der im § 16 der Reichsgewerbeordnung und den dazu ergangenen und ferner ergehenden Beschlüssen des Bundesrats bezeichneten Anlagen, wenn die Kosten der Anlage				
	1000 Mark nicht übersteigen	—	2	50	
	5000 „ „ „	—	10	—	
	10000 „ „ „	—	20	—	
	20000 „ „ „	—	40	—	
	50000 „ „ „	—	100	—	
	75000 „ „ „	—	150	—	
	100000 „ „ „	—	200	—	
	bei einem höheren Kostenbetrage für je 50000 Mark mehr 100 Mark.				
	(2) Genehmigungen zu Veränderungen in der Betriebsstätte oder zu wesentlichen Veränderungen in dem Betriebe der Anlagen (§ 25 der Reichsgewerbeordnung) die Hälfte der vorstehenden Sätze;				
	(3) Bewilligungen von Fristverlängerungen und Fristungen (§ 49 der Reichsgewerbeordnung) ein Viertel der vorstehenden Sätze;				
	e) Genehmigungen zur Anlegung von Dampfkesseln (§ 24 der Reichsgewerbeordnung) oder Änderung der Dampfkesselanlagen sowie Bewilligungen von Fristverlängerungen und Fristungen, soweit nicht die Bestimmungen zu d zur Anwendung kommen (§§ 25 und 49 der Reichsgewerbeordnung)	—	5	—	
	f) (1) Erlaubniserteilungen zum Betriebe des Pfandleih-, Pfandvermittler-, Gesindevermieter- oder Stellenvermittlergeschäfts (§ 34 Abs. 1 und 2 der Reichsgewerbeordnung),[3] wenn der Gewerbebetrieb				
	wegen geringen Ertrages und Kapitals von der Gewerbesteuer frei ist	—	50	—	
	in die vierte Gewerbesteuerklasse gehört	—	100	—	
	„ „ dritte „ „	—	200	—	

Lfd. Nr.	Gegenstand der Besteuerung	Steuersatz v. H.	Mk.	Pf.	Berechnung der Stempelabgabe
					und zwar für ein jedes der drei Gewerbe besonders, wobei das Gewerbe der Gesinde- und Stellenvermittler als ein einheitliches Gewerbe gilt.
(22.)	in die zweite Gewerbesteuerklasse gehört	—	350	—	
	" " erste " "	—	500	—	
	Bei den von der Gewerbesteuer befreiten Gesindevermietern kann bei nachgewiesener Bedürftigkeit der Stempel von 50 Mark bis auf die Hälfte ermäßigt werden.				
	(2) Erlaubniserteilungen der Ortspolizeibehörden an Gesinde- oder Stellenvermittler zur Beherbergung von stellungsuchenden Personen zwei Zehntel der vorstehenden Sätze; zur Lieferung von Speisen und nicht geistigen Getränken an die beherbergten Personen zwei Zehntel der vorstehenden Sätze; zur Beherbergung von stellungsuchenden Personen und zur Lieferung von Speisen und nicht geistigen Getränken an die beherbergten Personen vier Zehntel der vorstehenden Sätze;[4]				
	(3) Erlaubniserteilungen an Vertreter oder Bevollmächtigte von Gemeinden oder anderen Kommunalverbänden, Handelskammern, Landwirtschaftskammern, Innungen, Innungsausschüssen, Innungsverbänden, Handwerkskammern, Berufsvereinen, Gewerbevereinen und sonstigen Vereinen und Körperschaften zum Betriebe des Stellungsvermittlungs- und Arbeitsnachweisgeschäfts[5]	—	20	—	
	g) (1) Genehmigungen für Unternehmer von Versicherungsanstalten,				
	wenn ihr Geschäftsgebiet nicht über den Umfang einer Provinz hinausgeht .	—	40	—	
	sonst	—	200	—	
	(2) Befreit sind Genehmigungen für Versicherungsanstalten, deren Geschäftsgebiet über den Umfang eines Kreises nicht hinausgeht,				

Lfd. Nr.	Gegenstand der Besteuerung	Steuersatz v. H.	Mk.	Pf.	Berechnung der Stempelabgabe
(22.)	sowie für solche Anstalten, welche auf Gegenseitigkeit gegründet und deren Zwecke nicht auf die Erzielung von Gewinn gerichtet sind;				
	h) Erlaubnisscheine zur Bestellung von Agenten im Inlande seitens ausländischer Unternehmer von Versicherungsanstalten	—	200	—	
	i) Genehmigungen zum Gewerbebetriebe der Auswanderungsagenten[6]	—	200	—	
	[7]k) (1) Genehmigungen zum Betriebe von Privatanschlußbahnen, wenn die Kosten der Anlage				
	1000 Mark nicht übersteigen	—	2	50	
	5000 " " "	—	10	—	
	10000 " " "	—	20	—	
	20000 " " "	—	40	—	
	50000 " " "	—	100	—	
	75000 " " "	—	150	—	
	100000 " " "	—	200	—	
	bei einem höheren Kostenbetrage für je 50000 Mark mehr 100 Mark;				
	(2) Genehmigungen zu Veränderungen in dem Betriebe				
	die Hälfte der vorstehenden Sätze;				
	l) (1) Genehmigungen zum Betrieb eines Eisenbahnunternehmens	—	200	—	
	(2) Genehmigungen zum Betrieb eines Dampfschiffahrts- oder Kleinbahnunternehmens, wenn der Gewerbebetrieb				
	wegen geringen Ertrages und Kapitals von der Gewerbesteuer frei ist	—	5	—	
	in die vierte Gewerbesteuerklasse gehört .	—	20	—	
	" " dritte " " .	—	50	—	
	" " zweite " " .	—	75	—	
	" " erste " " .	—	200	—	
	(3) Genehmigungen zu Veränderungen in dem Betriebe				
	die Hälfte der vorstehenden Sätze;				
	(4) Bewilligungen von Fristverlängerungen und Fristungen				
	ein Viertel der vorstehenden Sätze.				
	(5) Die Bewilligung von Fristverlängerungen und Fristungen, welche durch Natur-				

Lfd. Nr.	Gegenstand der Besteuerung	Steuersatz v. H.	Mk.	Pf.	Berechnung der Stempelabgabe
(22.)	ereignisse oder andere unabwendbare Zufälle verursacht sind, ist stempelfrei;				
	m) (1) Genehmigungen der Ortspolizeibehörden zum Betriebe von Gewerben, welche dem öffentlichen Personen- und Güterverkehr innerhalb der Orte durch sonstige Transportmittel aller Art (Wagen, Gondeln, Sänften, Pferde usw.) dienen (§ 37 der Reichsgewerbeordnung)	—	5 bis 40	—	je nach der Bedeutung des Gewerbes.
	(2) Werden Genehmigungen der bezeichneten Art Personen erteilt, deren Gewerbebetrieb wegen geringen Ertrages und Kapitals von der Gewerbesteuer frei ist, so beträgt die Stempelabgabe	—	1	—	
	Vgl. die Anm. zu der bish. Tarifstelle 22 auf S. 121—134 dieses Buches.				

Zu Tarifnummer 22.

1. Ein Kommissar des Finanzministeriums erwiderte, in den Fällen der Veräußerung von konzessionierten Apotheken werde ein einheitlicher Kaufpreis für eine Apotheke vereinbart und dann bestimmt, wieviel davon auf das Grundstück, wieviel auf Mobilien und Warenvorräte und wieviel auf die Konzession entfalle. Im allgemeinen werde der Konzessionspreis von den Vertragschließenden ziemlich reichlich bemessen, denn der auf die Konzession entfallende Teil des Kaufpreises erfordere nur 1,50 Mk. Stempel. Die Verwaltung werde sich meist an die Vereinbarung der Parteien halten; wenn aber Fälle vorkämen, wo sie glaube, daß die Angabe nicht zutreffe, sei sie natürlich befugt, den Wert anderweit festzustellen. Diese Feststellung erfolge von seiten des Regierungspräsidenten. Bei Neukonzessionierungen könne die Frage nicht in Betracht kommen, da es sich hier um einen Fixstempel handle. KB. S. 15 (09).

2. In den Fällen der §§ 30, 32 und 33 RGO. kann die Erlaubnis juristischen Personen nicht verliehen werden, sondern nur natürlichen Personen als Stellvertretern oder Bevollmächtigten der juristischen Personen, da vom Gesetz gewisse persönliche Eigenschaften des Konzessionsinhabers gefordert werden. Bei Bemessung des Stempels sind deshalb nicht die Gewerbesteuerverhältnisse der juristischen Personen, sondern diejenigen ihres Vertreters oder Bevollmächtigten maßgebend. Die Stellvertreter sind aber meistens, weil sie ein Gewerbe für eigene Rechnung nicht betreiben, gewerbesteuerfrei und daraus ergibt sich, daß in solchen Fällen der Stempel der Tarifstelle 22c nicht erhoben werden darf. Zur Beseitigung dieser Benachteiligung der Staatskasse ist der Tarifstelle 22c eine Bestimmung dahin hinzugefügt worden, daß der Stempelberechnung die Veranlagung der juristischen Person zur Gewerbesteuer zugrunde zu legen ist. KB. S. 7, 8 (09).

Noch: Zu Tarifnummer 22.

3. Diese Tarifstelle bedarf einer Ergänzung, da durch die Novelle zur RGO. vom 30. Juni 1900 (RGBl. S. 321) auch die Geschäfte der Pfandvermittler und Stellenvermittler dem Erlaubniszwang unterworfen worden sind. Für diese Personen einschließlich der gegenwärtig nur mit 15 Mk. steuerpflichtigen Pfandleiher werden im Entwurf nach Maßgabe der Veranlagung zur Gewerbesteuer von 50—500 Mk. ansteigende Steuersätze vorgeschlagen mit Rücksicht darauf, daß den Betreffenden aus ihrem Geschäftsbetriebe nicht unbeträchtliche, in den Großstädten vielfach ganz bedeutende Gewinne ohne besondere Mühewaltungen zufließen. Im einzelnen kommt für die Besteuerung in Betracht:

1. das Gewerbe der Pfandleiher, zu denen nach § 34 Abs. 2 RGO. auch die Rückkaufhändler gehören;
2. das Gewerbe der Pfandvermittler (Gewerbetreibende, welche die ihnen zur Pfandversetzung übergebenen Sachen auf ihre Namen in einem öffentlichen Leihhaus oder bei einem Pfandleiher verpfänden und die erhaltenen Darlehen an ihre Auftraggeber abführen);
3. das Gewerbe der Gesindevermieter oder Stellenvermittler, das als ein einheitliches Gewerbe gilt.

Für jedes dieser drei Gewerbe sollen die Steuersätze der Tarifstelle 22f besonders zur Erhebung kommen; im Falle an eine Person die Erlaubnis zum gleichzeitigen Betriebe von zwei verschiedenen Gewerben erteilt wird, z. B. die Erlaubnis zum Betriebe des Pfandleihgewerbes und des Gesindevermietergewerbes an eine Person, würden die Steuersätze doppelt zum Ansatz kommen.

4. Nach den Ziffern 17 und 18 der Anweisung, betr. den Geschäftsbetrieb der Gesinde- und Stellenvermittler vom 5. März 1907 (MBl. der Handels- und Gewerbeverwaltung S. 55) kann den Genannten von der Ortspolizeibehörde die Erlaubnis zur Beherbergung von stellungsuchenden Personen und die Lieferung von Speisen und nichtgeistigen Getränken an die beherbergten Personen gestattet werden. Für diese besonderen den Geschäftsgewinn erhöhenden Erlaubniserteilungen sollen je zwei Zehntel der für den eigentlichen Gewerbebetrieb in Ansatz kommenden Steuersätze erhoben werden.

5. Wenn Gemeinden, Innungen und andere Körperschaften und Verbände Geschäfte der bezeichneten Arten betreiben, so wird bei ihnen meistens die Erwerbsabsicht fehlen, so daß ein gewerbsmäßiger Betrieb nicht stattfindet und es einer Erlaubnis überhaupt nicht bedarf. In den seltenen Ausnahmefällen eines gewerbsmäßigen Betriebes erscheint ein fester Stempel von 20 Mk. angemessen. Begr. S. 7 (09).

6. Die Tarifstelle ist nur noch bezüglich der Stempelpflichtigkeit der Genehmigungen zum Gewerbebetriebe der Auswanderungsagenten bestehen geblieben, da die Genehmigungen für Auswanderungsunternehmer nach den §§ 1 und 2 des Auswanderungsgesetzes vom 9. Juni 1897 (RGBl. S. 463) vom Reichskanzler erteilt werden und deshalb zu einem Preußischen Stempel nicht mehr herangezogen werden können. Begr. S. 7 (09).

7. Die bisherige Tarifstelle k ist gegenstandslos geworden, weil Erlaubniserteilungen an ausländische Auswanderungsunternehmer nach § 4 des Auswanderungsgesetzes vom 9. Juni 1897 vom Reichskanzler ausgestellt werden. Die Erlaubnisscheine für Agenten ausländischer Auswanderungsunternehmer,

Lfd. Nr.	Gegenstand der Besteuerung	Steuersatz v. H.	Mk.	Pf.	Berechnung der Stempelabgabe
23.	**Familienstiftungen,** wie Fideikommißstiftungen, s. diese.				
24.	(1) **Fideikommißstiftungen,** d. h. alle von Todes wegen oder unter Lebenden getroffenen Anordnungen, kraft deren gewisse Vermögensgegenstände der Familie für immer oder für mehr als zwei Generationen erhalten bleiben sollen	3	—	—	des Gesamtwertes der denselben gewidmeten Gegenstände ohne Abzug der Schulden.
	(2) Bei Stiftungen unter Lebenden ist der Stempel in der durch § 16 Buchstaben g dieses Gesetzes vorgeschriebenen Frist von zwei Wochen beizubringen, bei Stiftungen von Todes wegen binnen sechs Monaten nach dem Todesfalle.				
	(3) Wegen der Verhaftung für die Entrichtung des Stempels für Stiftungen von Todes wegen kommen die Bestimmungen der §§ 29 und 30 des Gesetzes, betreffend die Erbschaftssteuer, vom $\frac{\text{30. Mai 1873}}{\text{19. Mai 1891}}$ zur Anwendung.				
	(4) Bei Fideikommißstiftungen, für welche von dem Stifter ein weiteres Anwachsen des Grundvermögens, sei es durch in Aussicht genommene Zuwendungen freigebiger Art, sei es durch eine angeordnete Zuschlagung von Zinsen zum Kapitale, vorgesehen worden ist, wird der Wertstempel rücksichtlich des sich nach und nach ansammelnden Teiles des Stiftungsvermögens nur allmählich von dem Zuwachse nach näherer Bestimmung der Oberzolldirektion oder, wenn der Stiftungsstempel bei den Gerichtskosten zu vereinnahmen ist, der zuständigen Gerichtsbehörde erhoben. *Allg. V. §§ 11, 12 Abs. 1.*				
	(5) Fideikommißstiftungen, welche ausländische Grundstücke betreffen, sind dem Wertstempel nicht unterworfen.				

Noch: Zu Tarifnummer 22.

die nach den §§ 11 und 12 des Auswanderungsgesetzes in Preußen von den Regierungspräsidenten erteilt werden, sind jetzt nach der Tarifstelle 22 i zu versteuern. Begr. S. 7 (09).

Lfd. Nr.	Gegenstand der Besteuerung	Steuersatz v. H.	Mk.	Pf.	Berechnung der Stempelabgabe
(24.)	(6) In betreff der Erhebung des Fideikommißstempels aus Anlaß der Auflösung der Lehnverbände bewendet es bei den bestehenden Bestimmungen.				
	Vgl. die Anm. zu der bish. Tarifstelle 24 auf S. 137—141 dieses Buches.				
25.	**Gesellschaftsverträge,** wenn sie betreffen:				
	a) (1) die Errichtung				
	1. von Aktiengesellschaften oder Kommanditgesellschaften auf Aktien sowie die Erhöhung des Grundkapitals solcher Gesellschaften in der Form von Verträgen oder Beschlüssen, wenn das Grundkapital beträgt				
	nicht mehr als 5 000 000 Mark . . .	1	—	—	des Grundkapitals oder des Betrages der Erhöhung dieses Kapitals;
	mehr als 5 000 000 Mark, aber nicht mehr als 10 000 000 Mark	$1\frac{1}{4}$	—	—	
	mehr als 10 000 000 Mark	$1\frac{1}{2}$	—	—	
	2. von Gesellschaften mit beschränkter Haftung sowie die bei solchen Gesellschaften erfolgende Erhöhung[1] des Stammkapitals und Einforderung von Nachschüssen in der Form von Verträgen oder Beschlüssen, wenn das Stammkapital beträgt				des Stammkapitals oder des Betrages der Erhöhung dieses Kapitals oder des Betrages der eingeforderten Nachschüsse. Bei Erhöhungen des Stammkapitals berechnet sich die Abgabe nach demjenigen Steuersatze, welcher dem Betrage des Stammkapitals unter Hinzurechnung des Betrages der Erhöhung entspricht.
	nicht mehr als 100 000 Mark	$\frac{1}{4}$	—	—	
	mehr als 100 000 Mark, aber nicht mehr als 300 000 Mark	$\frac{1}{2}$	—	—	
	mehr als 300 000 Mark, aber nicht mehr als 500 000 Mark	1	—	—	
	mehr als 500 000 Mark	$1\frac{1}{2}$	—	—	
	Allg. V. § 22 Abs. 6.				
	(2) Wenn aus der Zusammenrechnung des Grund- oder Stammkapitals und der Beträge späterer Erhöhungen sich höhere Steuersätze als die früher in Anwendung gebrachten ergeben, so sind die nach dieser Berechnung entstehenden Mehrbeträge der Stempelabgabe nachzuentrichten. Die hiernach nachzuzahlenden Stempel sind zu dem die Pflicht zur Nachentrichtung begründenden Vertrag oder Beschlusse zu verwenden. Die vor dem Inkrafttreten dieses Gesetzes be-				

Lfd. Nr.	Gegenstand der Besteuerung	Steuersatz v. H.	Mk.	Pf.	Berechnung der Stempelabgabe
(25.)	urkundeten Verträge oder Beschlüsse bleiben von dieser Vorschrift unberührt. *Allg. V. § 11—12 Abs. 4.* (3) Wird das Kapital oder der Betrag der Nachschüsse nicht sofort voll eingezahlt, so ist der Wertstempel von der jedesmaligen Teilzahlung zu entrichten. [2](4) Ermäßigung. Gesellschaften, die satzungsmäßig ausschließlich gemeinnützigen Zwecken[3] dienen und deren Satzung die an die Gesellschafter zu verteilende Dividende auf höchstens vier vom Hundert ihrer Anteile beschränkt, auch den Gesellschaftern bei der Auflösung der Gesellschaft nicht mehr als den Nennwert ihrer Anteile zusichert, den etwaigen Rest des Gesellschaftsvermögens aber für gemeinnützige Zwecke bestimmt	$^2/_{10}$	—	—	des Grund- oder Stammkapitals oder des Betrages der Erhöhung dieses Kapitals oder des Betrages der eingeforderten Nachschüsse.
	(5) Anmerkung. Die vorstehenden Bestimmungen finden entsprechende Anwendung auf im Auslande geschlossene Gesellschaftsverträge, welche die Errichtung gleicher oder ähnlicher Gesellschaften zum Gegenstande haben, sofern die Gesellschaften ihren Sitz im Inlande nehmen oder im Inland eine Zweigniederlassung errichten. Dasselbe gilt bei Erhöhungen des Grund- oder Stammkapitals. Im Falle der Errichtung einer Zweigniederlassung berechnet sich der Stempel nach dem Werte des Anlage- und Betriebskapitals der inländischen Zweigniederlassung.[4] Im Falle der Erhöhung des Grund- oder Stammkapitals berechnet sich der Stempel nach demjenigen Betrage, der zu dem Betrage der Erhöhung des Kapitals in demselben Verhältnisse steht wie der Wert des inländischen Anlage- und Betriebskapitals zu dem Werte des gesamten Anlage- und Betriebskapitals. Der Stempel wird nur erhoben, wenn die Eintragung in das Handelsregister erfolgt ist; auf die Einziehung des				

Lfd. Nr.	Gegenstand der Besteuerung	Steuersatz v. H.	Mk.	Pf.	Berechnung der Stempelabgabe
(25.)	Stempels finden die Vorschriften des § 30 des Preußischen Gerichtskostengesetzes Anwendung. *Allg. V. § 2 Abs. 1 Lit. f.*				
	b) (1) die Errichtung 1. von offenen Handelsgesellschaften, Kommanditgesellschaften und Kolonialgesellschaften, von Gesellschaften des bürgerlichen Rechtes, sofern diese Gesellschaften Erwerbszwecke verfolgen, und von Genossenschaften, deren Geschäftsbetrieb über den Kreis ihrer Mitglieder hinausgeht	1/20	—	—	des Wertes der das Gesellschaftsvermögen bildenden Einlagen abzüglich der auf ihnen ruhenden Schulden,
	mindestens aber	—	20	—	
	Gesellschaften des bürgerlichen Rechtes, welche lediglich vorübergehende Zwecke verfolgen (Gelegenheitsgesellschaften) .	—	10	—	
	2. von Gesellschaften des bürgerlichen Rechtes, welche andere als Erwerbszwecke verfolgen, und von Genossenschaften, deren Geschäftsbetrieb nicht über den Kreis ihrer Mitglieder hinausgeht	—	5	—	
	(2) Anmerkung. 1. Den unter Ziffer 1 und 2 aufgeführten Verträgen steht die erstmalige Feststellung der Satzung (des Statutes) gleich. 2. Verträge über den Eintritt neuer Gesellschafter[5] oder über die Erhöhung der Einlagen stehen den Verträgen über die Errichtung der Gesellschaften gleich. Der Stempel beträgt	1/20	—	—	des vorbezeichneten Wertes der Einlage des neuen Gesellschafters oder des Wertes, um den die Einlage erhöht wird, abzüglich der auf der Einlage ruhenden Schulden,
	mindestens aber	—	10	—	
	3. Die Anmerkung zum Buchstaben a findet entsprechende Anwendung. *Allg. V. § 2 Abs. 1 Lit. f.*				
	c) (1) Das Einbringen von nicht in Geld bestehendem Vermögen in eine Gesellschaft der unter a bezeichneten Art bei ihrer Errichtung oder in eine bereits bestehende Gesellschaft dieser Art, insoweit zu dem eingebrachten Vermögen gehören:				

Lfd. Nr.	Gegenstand der Besteuerung	Steuersatz v. H.	Mk.	Pf.	Berechnung der Stempelabgabe
(25.)	1. Im Inlande gelegene unbewegliche Sachen oder ihnen gleichgeachtete Rechte, 2. Patentrechte, Gebrauchsmusterrechte und sonstige gewerbliche Schutzrechte sowie Urheberrechte aller Art,[6, 7] 3. Rechte aus Veräußerungsgeschäften der im Abs. 6 der Tarifstelle 32 bezeichneten Art über im Inlande gelegene unbewegliche Sachen oder ihnen gleichgeachtete Rechte,[8] 4. Rechte auf Auflassung von im Inlande gelegenen unbeweglichen Sachen oder ihnen gleichgeachteten Rechten	1	—	—	des Entgelts, einschließlich der auf der Einlage ruhenden, auf die Gesellschaft übergehenden Passiva und des Wertes aller sonstigen ausbedungenen Leistungen und vorbehaltenen Nutzungen, oder, wenn das Entgelt aus dem Vertrage nicht hervorgeht, des Wertes des eingebrachten Vermögens;
	insoweit zu dem eingebrachten Vermögen außerhalb Landes gelegene unbewegliche Sachen und ebendaselbst befindliche bewegliche Sachen, welche Zubehör der ersteren sind, gehören . . .	—	3	—	des Entgelts, einschließlich des Wertes der ausbedungenen Leistungen und vorbehaltenen Nutzungen, oder, wenn das Entgelt nicht aus dem Vertrage hervorgeht, des Wertes des eingebrachten Vermögens;
	insoweit das eingebrachte Vermögen aus sonstigen beweglichen Vermögensgegenständen[9] besteht	$^1/_3$	—	—	
	insoweit das eingebrachte Vermögen aus anderen als den vorher bezeichneten Forderungsrechten[10] besteht . .	$^1/_{20}$	—	—	des Wertes der Forderungen.
	[11](2) Befreit ist das Einbringen von Nachlaßgegenständen in eine ausschließlich von den Teilnehmern an einer Erbschaft gebildete Gesellschaft mit beschränkter Haftung. Zu den Teilnehmern einer Erbschaft wird auch der überlebende Ehegatte gerechnet, welcher mit den Erben des verstorbenen Ehegatten gütergemeinschaftliches Vermögen zu teilen hat.				

Lfd. Nr.	Gegenstand der Besteuerung	Steuersatz v. H.	Mk.	Pf.	Berechnung der Stempelabgabe
(25.)	[12]d) Die Überlassung [13]1. (1) der Rechte an dem Gesellschaftsvermögen seitens eines Gesellschafters oder dessen Erben an einen anderen Gesellschafter, die Gesellschaft oder einen Dritten	$^2/_{10}$	—	—	des Wertes der Gegenleistung oder, wenn eine solche in der Urkunde nicht enthalten ist, des Wertes der überlassenen Rechte;
	der Rechte an dem Gesellschaftsvermögen der unter b bezeichneten Gesellschaften	$^1/_{20}$	—	—	wie vor;
	(2) Befreit sind Verträge über Überlassung von Rechten an dem Gesellschaftsvermögen an Personen, welche nach den Vorschriften des Gesetzes, betreffend die Erbschaftssteuer, vom 30. Mai 1873 / 19. Mai 1891 von der Zahlung der Erbschaftssteuer befreit sind; *Allg. V. § 14 Abs. 7.*				
	2. (1) von Sachen oder Rechten seitens der Gesellschaft zum Sondereigentum an einen Gesellschafter oder dessen Erben, insoweit zu dem überlassenen Gesellschaftsvermögen unbewegliche im Inlande gelegene Sachen oder ihnen gleichgeachtete Rechte oder Rechte der unter Buchstabe c Abs. 1 Ziffer 2 bis 4 bezeichneten Art gehören . . .	1	—	—	des Entgelts, einschließlich des Wertes der ausbedungenen Leistungen und vorbehaltenen Nutzungen, oder, wenn das Entgelt nicht aus dem Vertrage hervorgeht, des Wertes der überlassenen Rechte;
	insoweit zu dem überlassenen Gesellschaftsvermögen außerhalb Landes gelegene unbewegliche Sachen und ebendaselbst befindliche bewegliche Sachen, welche Zubehör der ersteren sind, oder den unbeweglichen Sachen gleichgeachtete Rechte gehören	—	3	—	
	insoweit das überlassene Gesellschaftsvermögen aus beweglichen Vermögensgegenständen besteht	$^1/_3$	—	—	wie vor;
	insoweit das überlassene Gesellschaftsvermögen aus anderen als den vorher bezeichneten Forderungsrechten besteht	$^1/_{20}$	—	—	des Wertes der Forderungen.

Lfd. Nr.	Gegenstand der Besteuerung	Steuersatz v. H.	Steuersatz Mk.	Steuersatz Pf.	Berechnung der Stempelabgabe
(25.)	(2) Bei Berechnung des Stempels bleibt derjenige Teil der zum Sondereigentum überlassenen Vermögensgegenstände außer Betracht, welcher auf den erwerbenden Gesellschafter nach der Kopfzahl[14] der Gesellschafter entfällt.				
	(3) Befreit ist die Rückgewähr der von einem Gesellschafter eingebrachten unbeweglichen Sachen oder ihnen gleichgeachteten Rechte oder Rechte der unter Buchstaben c Abs. 1 Ziffer 2 bis 4 bezeichneten Art oder sonstigen beweglichen Vermögensgegenstände an diesen Gesellschafter oder dessen Erben oder dessen Ehefrau, welche mit ihm in Gütergemeinschaft gestanden hat. *Allg. V. § 14 Abs. 7.*				
	e) (1) die erstmalige Feststellung der Satzung (des Statutes)				
	1. einer Gewerkschaft	—	500	—	
	Bei Gewerkschaften mit geringerem Vermögen oder, wenn sonstige Gründe die Anwendung eines geringeren Steuersatzes rechtfertigen, kann der Stempel bis auf	—	100	—	
	ermäßigt werden;				
	2. anderer als der unter Buchstaben b aufgeführten Gesellschaften, ferner der Körperschaften, Stiftungen, Vereine und Anstalten, soweit nicht nach den Bestimmungen dieser Tarifstelle ein höherer Stempel zu verwenden ist . .	—	5	—	
	(2) Befreit sind Kranken-, Unfall-, Alters- und Invaliditäts-Versicherungs- und Unterstützungskassen, denen die Versicherungsnehmer auf Grund gesetzlicher Bestimmungen beizutreten verpflichtet sind, und eingetragene Genossenschaften, welche die Gewinnverteilung ausgeschlossen haben.				
	Vgl. die Anm. zur bish. Tarifstelle 25 auf S. 145—156 dieses Buches.				

Zu Tarifnummer 25.

1. Nach den gegenwärtigen Bestimmungen tritt bei Gesellschaften m. b. H. für das ursprüngliche Stammkapital eine Nachversteuerung nicht ein, auch wenn infolge späterer Kapitalserhöhungen auf das Gesamtkapital ein höherer Steuersatz an sich Anwendung finden würde. Wenn also beispielsweise das Stammkapital von 100000 Mk. sich später um 100000 Mk., also auf 200000 Mk. erhöht, so unterliegt nur die Erhöhung von 100000 Mk. dem Steuersatz von $^1/_{10}$ v. H., während es bezüglich des Stammkapitals von 100000 Mk. bei dem gezahlten Stempel von $^1/_{50}$ v. H. bewendet. Diese Berechnungsart ermöglicht Umgehungen der höheren Steuersätze, indem zur Erlangung des Steuersatzes von $^1/_{50}$ v. H. die Gesellschaften zunächst mit einem Kapital von nicht mehr als 100000 Mk. errichtet und später Erhöhungen vorgenommen werden. Es sind deshalb zur Verhütung solcher Stempelersparungen im Entwurf Nachversteuerungen vorgeschrieben, wenn spätere Kapitalserhöhungen die Anwendung höherer Steuersätze bedingen. Begr. S. 8 (09).

2. Der Abs. 2 der jetzigen Tarifstelle fällt weg, weil Gesellschaften, deren Zwecke nicht auf den Gewinn der Teilnehmer gerichtet sind, unter den weiteren Begriff der gemeinnützigen Gesellschaften fallen, für die ein Satz von $^2/_{10}$ v. H. vorgesehen ist. Begr. S. 8 (09).

3. Über den Begriff der gemeinnützigen Gesellschaften habe sich in der Judikatur und auch in der Verwaltungspraxis die Ansicht herausgebildet, daß darunter solche Gesellschaften zu verstehen seien, deren Betriebe nicht ausschließlich privaten Zwecken dienten. Darunter würden fallen: Anstalten, die zum Gegenstand hätten Sekundärbahnen, Kleinbahnen, Kanäle, auch Badeanstalten usw. Die Regierung hätte geglaubt, alle diese gemeinnützigen Unternehmungen in so weiter Ausdehnung nicht freilassen zu können, weil das zu einem erheblichen Ausfall führen würde. Deshalb sei der Begriff der gemeinnützigen Gesellschaften analog der Bestimmung des § 5 g des Stempelgesetzes eingeschränkt auf diejenigen, deren Dividende 4 % nicht übersteigen dürfe und deren Gesellschafter bei Auflösung des Unternehmens nicht mehr als den Nennwert zugesichert bekämen, während der Rest des Gesellschaftsvermögens für gemeinnützige Zwecke bestimmt würde. KB. S. 20 (09).

4. Es wurde auf die großen Schwierigkeiten hingewiesen, welche die Feststellung der für die Zweigniederlassungen ausgeschiedenen Vermögenswerte in sich schließe, da diesen Niederlassungen selbständige Betriebskapitalien nicht zur Verfügung gestellt würden. Regierungsseitig wurde erwidert, daß die allgemeinen Grundsätze der §§ 6ff. des Stempelsteuergesetzes über Wertermittlungen auch zur Feststellung des Wertes der Zweigniederlassungen voraussichtlich ausreichen würden. Sub-KB. S. 3 (09).

5. Nachdem Einverständnis erzielt war, hob der Vorsitzende hervor, daß unter Buchst. b Abs. 2 Anm. Ziffer 2 nicht der Fall gemeint sei, wenn jemand durch Abtretung eines Gesellschaftsanteiles neuer Gesellschafter werde.

Die Vertreter der Staatsregierung erklären, daß diese Auffassung zutreffend sei und daß der Fall, wenn ein neuer Gesellschafter im Wege der Abtretung von Rechten am Gesellschaftsvermögen in die Gesellschaft eintrete, von den unter Buchst. d Ziffer 1 Abs. 1 vorgesehenen Wertstempeln getroffen werde. Begr. S. 10, 11 (09).

6. Es wurde noch hervorgehoben, daß für die Versteuerung der bei der Einbringung deklarierte Wert maßgebend sei, der Zollverwaltung aber das

Noch: Zu Tarifnummer 25.

Recht der Nachprüfung dieses Wertes zustehe. Der Ansicht eines Mitgliedes, daß ausländische Patent- und Schutzrechte wie ausländische Grundstücke versteuert werden müßten, wurde entgegengetreten. Sub-KB. S. 9 (09).

7. Beim Vergleich mit der Regierungsvorlage ergebe sich, daß nur die Position 2 neu eingefügt sei, welche die sogenannten immateriellen Rechte betreffe. In der Subkommission habe man erörtert, wie man sie begrifflich bestimmen könne, sei aber dahin übereingekommen, von einer Definition abzusehen und nur die am häufigsten vorkommenden Rechte aufzuführen. KB. S. 26 (09).

8. Bei dem Einbringen von Grundstücken in zu errichtende Gesellschaften kommen ähnlich, wie bei Grundstücksveräußerungen der Tarifstelle 32, Stempelersparungen vor. — Gesellschafter, die auf den Erwerb eines Grundstückes, das sie in die Gesellschaft einzubringen beabsichtigen, durch vertragsmäßige Vereinbarungen mit dem Veräußerer bereits Rechte erlangt haben, lassen sich das Grundstück durch Auflassung nicht übertragen, sondern bringen statt seiner die auf dasselbe erworbenen Rechte oder das Recht auf Auflassung des Grundstücks in die neue Gesellschaft ein, wofür an Stelle des einprozentigen Stempels nur der Abtretungsstempel von 1/50 v. H. zu zahlen ist. Entsprechend den Bestimmungen des Abs. 6 der Tarifstelle 32 des Entwurfs sollen solche Einbringungen von Rechten steuerlich dem Einbringen der Grundstücke gleichgestellt werden. Das in der Begründung zur Tarifstelle 32 bei Abs. 6 Gesagte findet entsprechende Anwendung. Begr. S. 8 (09).

9. Wegen des Einbringens von beweglichen im Stempelauslande befindlichen Sachen wird auf die Begründung des ersten Absatzes der Tarifstelle 32 Bezug genommen. Begr. S. 8 (09).

10. Für das Einbringen von Forderungsrechten wird, entsprechend der Erhöhung des Stempels für Abtretungen, der jetzige Satz von 1/50 v. H. auf 1/20 v. H. zu erhöhen sein. Begr. S. 8 (09).

11. Der Abs. 2 der jetzigen Tarifstelle 25c fällt fort, weil eine Anrechnung des Errichtungsstempels auf den Einbringungsstempel nicht mehr stattfinden soll. Begr. S. 8 (09).

12. Nach dem ersten Absatz der Tarifstelle 25d beträgt die Stempelabgabe für die Überlassung der Rechte an dem Gesellschaftsvermögen, also für die Abtretung von Gesellschaftsanteilen nur 1/50 v. H., und da es mit keinen besonderen Schwierigkeiten verknüpft ist, die Veräußerung und Weiterveräußerung von Grundstücken, für die der Steuersatz 1 v. H. beträgt, in die Form der Abtretung von Gesellschaftsanteilen zu kleiden, so erhellt, daß der äußerst geringfügige Satz der Tarifstelle 25d ein bequemes Mittel bietet, die staatliche einprozentige Besitzwechselabgabe zu ersparen. Es ist zu diesem Zweck nur die Bildung einer Gesellschaft erforderlich, z. B. einer Gesellschaft m. b. H. Ist eine solche Gesellschaft einmal errichtet, so bedarf es nur für den ersten Ankauf des Grundstücks oder für die Einbringung des Grundstücks in die Gesellschaft einer Abgabe von 1 v. H.; alle weiteren Wertstempel in dieser Höhe können dadurch vermieden werden, daß nicht die Grundstücke selbst, sondern an ihrer Statt die die Grundstückswerte enthaltenden G e s c h ä f t s a n t e i l e zum Satze von 1/50 v. H. an andere Gesellschafter oder an Dritte abgetreten werden. Auf diese Weise wandern die Anteile ohne eine nennenswerte steuerliche Belastung von Hand zu Hand. Hat schließlich einer der Teilhaber die Anteile aller übrigen im Wege der Abtretung erworben,

Noch: Zu Tarifnummer 25.

so kann er sich nunmehr das Geschäft mit allem Vermögen einschließlich der Grundstücke zum Sondervermögen übertragen lassen und auf diese Weise das Alleineigentum an den Grundstücken erwerben. Auch dafür ist keine Stempelabgabe zu entrichten, wie weiter unten dargelegt ist. Es bleibt daher nur übrig, denjenigen Rechtsakt mit dem Stempel von 1 v. H. zu erfassen, durch den der im Alleineigentum sämtlicher Geschäftsanteile befindliche Gesellschafter das grundbuchmäßige Eigentum an den bisherigen Gesellschaftsgrundstücken erwirbt. Dieser Rechtsakt ist nach der gegenwärtigen Gesetzeslage steuerfrei, weil nach der Annahme der Rechtsprechung durch ihn nicht ein Eigentumswechsel herbeigeführt, sondern nur das Recht verwirklicht wird, das dem Gesellschafter auf das gesamte Gesellschaftsvermögen infolge der Vereinigung der sämtlichen Geschäftsanteile in seiner Hand bereits vor der Umschreibung im Grundbuch zugestanden hat. Um die vorhandene Gesetzeslücke zu schließen, ist dem ersten Absatz der Tarifstelle 8 des Entwurfs eine Bestimmung eingefügt worden, wonach Anträge auf Umschreibung von Gesellschaftseigentum auf den Namen eines Gesellschafters dem einprozentigen Wertstempel auch dann unterliegen, wenn nach den Vorschriften des bürgerlichen Rechts eine Auflassung nicht erforderlich ist. Zur Verhütung der Umgehung des Auflassungsstempels durch Vorlegung von Verträgen, in denen gemäß der Tarifstelle 25 d Gesellschaftsrechte abgetreten werden, ist im Abs. 4 der Tarifstelle 8 bestimmt, daß solche Verträge als das Veräußerungsgeschäft enthaltende Urkunden im Sinne des Abs. 3 der Tarifstelle 8 nicht anzusehen sind. Zur Vermeidung von Doppelbesteuerungen soll aber der zu diesen Verträgen erforderliche Wertstempel von 1 v. H. auf den Auflassungsstempel in Anrechnung kommen. Begr. S. 8, 9 (09).

13. Zu Zweifeln gab noch die Bestimmung des Buchstaben d Ziffer 1 Abs. 1 über die Überlassung der Rechte an dem Gesellschaftsvermögen Anlaß, indem der Vorsitzende der Meinung war, daß diese Bestimmung nur auf die unter Ziffer a genannten Gesellschaften — also, da die Übertragung von Aktien dem Reichsstempel unterliege, nur auf die Gesellschaften m. b. H. — Anwendung finde.

Der Vertreter des Finanzministeriums erklärte, daß diese Ansicht nicht zutreffe, die in Rede stehende Bestimmung vielmehr die Überlassung der Rechte an dem Gesellschaftsvermögen aller Gesellschaften umfasse und die Wertstempel der Tarifstelle 25d Ziffer 1 Abs. 1 nur insoweit nicht zum Ansatz kämen, als die Reichsstempelabgabe Platz griffe. Begr. S. 11 (09).

Ein Vertreter des Finanzministeriums erklärte, die Regel sei, daß die Tarifstelle sich auf alle Gesellschaften beziehe, auf viele allerdings nur in beschränktem Umfange. Wenn man sich klar werden wolle über die Tragweite dieser Tarifstelle, dann müsse man zwei Gattungen von Gesellschaften unterscheiden.

Die erste Gattung bildeten die reichsstempelpflichtigen Gesellschaften, und diese Gattung setze sich zusammen aus:

1. Aktiengesellschaften;
2. Kommanditgesellschaften auf Aktien;
3. Gewerkschaften.

Bei allen diesen drei Arten komme diese Tarifstelle nicht in Betracht, soweit es sich um Abtretungen während des Bestehens der Gesellschaften handele. Denn soweit Anteile an ihrem Gesellschaftsvermögen an Dritte zediert würden,

Noch: Zu Tarifnummer 25.
greife das Reichsstempelgesetz Platz, also der Anschaffungsstempel für Aktien oder für Kuxe. Es seien allerdings Fälle denkbar, wo auch bei diesen Gesellschaften die Tarifstelle 25d zur Anwendung kommen könne; das seien aber einzig und allein die verhältnismäßig selten vorkommenden Fälle, wo eine dieser Gesellschaften aufgelöst werde und dann der ausscheidende Gesellschafter als Abfindung für die Aufgabe seiner Gesellschaftsrechte Gesellschaftsvermögen bekomme. Man könne also hieraus ersehen, daß für diese reichsstempelpflichtigen Gesellschaften die ganze Tarifstelle 25d von äußerst geringer Bedeutung sei.

Von der zweiten Gattung von Gesellschaften würden in erster Linie, wie der Finanzminister bereits hervorgehoben habe, die Gesellschaften m. b. H. unter diese Tarifstelle fallen; es fielen aber weiter darunter die offenen Handelsgesellschaften, die Kommanditgesellschaften, ferner die Kolonialgesellschaften, die Genossenschaften und die Gesellschaften des bürgerlichen Rechts. Auch bei diesen Gesellschaften — abgesehen von den Gesellschaften m. b. H. — habe diese ganze Tarifstelle keine zu weitgehende Bedeutung. Bei offenen Handelsgesellschaften komme eine Abtretung in der Form, wie sie der Tarifstelle unterworfen wird, höchst selten vor; ebenso bei Kommanditgesellschaften. Bei Kolonialgesellschaften sei ja die Frage schon in der Subkommission erörtert worden; bei ihnen falle die Übertragung von Anteilen unter diese Tarifstelle nur dann, wenn sie nicht durch Indossament, sondern durch Zession erfolge. Auf Gesellschaften des bürgerlichen Rechts, bei denen während ihres Bestehens Übertragungen der Gesellschaftsanteile nach den §§ 717ff. BGB. nicht zulässig seien, finde die Tarifstelle nur Anwendung, wenn ein Gesellschafter bei Auflösung der Gesellschaft ausscheide und durch Gesellschaftsvermögen abgefunden werde. Diese Fälle seien praktisch von ganz untergeordneter Bedeutung. Mit Rücksicht auf diese nicht allzugroße Tragweite der in Rede stehenden Bestimmung erscheine es nicht angezeigt, den Steuersatz von $^2/_{10}$ auf $^1/_{20}$ v. H. herabzusetzen, und ebensowenig sei ein ausreichender Anlaß vorhanden, dem Eventualantrag zu folgen, und die Erhöhung auf die Gesellschaften m. b. H. zu beschränken. KB. S. 27, 28 (09).

14. Die ferneren Erörterungen wandten sich sodann der im Buchstaben d Ziffer 2 Abs. 2 vorgeschlagenen Neuerung zu, anstatt der Beteiligung am Gesellschaftsvermögen den nach der Kopfzahl entfallenden Anteil bei der Berechnung des Stempels außer Betracht zu lassen.

Der Vorsitzende bemerkte, es handle sich um eine materielle Änderung, gegen die er sich entschieden wenden müsse. Bisher bleibe bei der Berechnung des Stempels der Teil der zum Sondereigentum überlassenen Vermögensgegenstände außer Betracht, der dem Anteile des Gesellschafters entspreche, jetzt solle die Kopfzahl der Gesellschafter entscheidend sein. Bei sieben Beteiligten solle also nur ein Siebentel frei bleiben.

Der Vertreter des Justizministeriums erklärte, die jetzige Berechnung erscheine auf den ersten Blick ja sehr einfach, habe sich aber in der Praxis als recht schwierig und zeitraubend herausgestellt. Die Beteiligung des Gesellschafters im Sinne des Abs. 3 könne nicht nach der im Gesellschaftsvertrage für die Gewinnverteilung festgesetzten Bruchteile angenommen werden, sondern müsse nach dem Verhältnisse des bei der Auflösung nach Abzug der Gesellschaftsschulden übrig bleibenden, durch Schlußrechnung festzustellenden Reinvermögens der Gesellschaften berechnet werden. Dieses

Lfd. Nr.	Gegenstand der Besteuerung	Steuersatz v. H.	Mk.	Pf.	Berechnung der Stempelabgabe
26.	**Gewerbelegitimationskarten** (§ 44a der Reichsgewerbeordnung)	—	1	—	
	Vgl. die Anm. zu der bish. Tarifstelle 26 auf S. 156 dieses Buches.				
27.	**Gnadenerweise,** s. Standeserhöhungen.				
28.	**Heiratsgenehmigungen** für Beamte und Militärpersonen . . . . frei				
29.	**Hingabe an Zahlungs Statt,** Verträge darüber, s. Kaufverträge.				
30.	**Inventarien,** welche zum Gebrauche bei stempelpflichtigen Urkunden dienen	—	3	—	
	Allg. V. § 2 Abs. 1 Lit. a. *Vgl. die Anm. zu der bish. Tarifstelle 31 auf S. 157 dieses Buches.*				
31.	(1) **Jagdscheine** [1]				
	für den Jahresjagdschein	—	7	50	
	„ „ Tagesjagdschein	—	1	50	
	„ „ Jahresjagdschein an Personen, welche weder Angehörige eines deutschen Bundesstaates sind, noch in Preußen einen Wohnsitz oder einen Grundbesitz mit einem Grundsteuerreinertrage von 150 Mark haben	—	50	—	
	„ „ Tagesjagdschein an solche Personen	—	10	—	
	Nach näherer Anweisung des Finanzministers				

Noch: Zu Tarifnummer 25.

sei erfahrungsgemäß in der Regel nur auf Grund einer Schlußbilanz mittels umständlicher Berechnungen und auf Grund eingehender Ermittlungen möglich. Eine Vereinfachung dieses Verfahrens sei im Interesse der Beteiligten wie der Verwaltung dringend erwünscht. Eine solche werde auch den Beteiligten keinen Nachteil bringen, da für die hauptsächlich in Betracht kommenden Immobilien der Abs. 4 der Tarifstelle 8 vorschreibe, daß der zu der Vertragsurkunde verwendete Stempel den Auflassungsstempel nur insoweit ausschließe, als zu der Vertragsurkunde ein Wertstempel von 1 v. H. verwendet sei. Begr. S. 11 (09).

Zu Tarifnummer 31.

1. Einstweilen erfolgt die Versteuerung von den die Jagdscheine erteilenden Behörden durch Aufkleben und vorschriftsmäßige Entwertung der erforderlichen Stempelmarken in der Ecke auf der Vorderseite der Jagdscheine. FM. 10. 7. 09 III 10809.

Lfd. Nr.	Gegenstand der Besteuerung	Steuersatz v. H.	Mk.	Pf.	Berechnung der Stempelabgabe
(31.)	kann jedoch auch für diese Personen der Stempelsteuersatz für Jahres- und Tagesjagdscheine bis auf den Satz für Inländer ermäßigt werden.[2] (2) Befreit sind Jagdscheine für die auf Grund des § 23 des Forstdiebstahlgesetzes vom 15. April 1878 (Gesetzsamml. S. 222) beeidigten sowie diejenigen Personen, welche sich in der für den Staatsforstdienst vorgeschriebenen Ausbildung befinden.				
32.	(1) **Kauf- und Tauschverträge** und andere lästige Veräußerungsgeschäfte enthaltende Verträge einschließlich der gerichtlichen Zwangsversteigerungen, insoweit nicht besondere Tarifstellen zur Anwendung kommen, wenn sie betreffen: *Allg. V. § 2 Abs. 1 Lit. b.*				
	a) im Inlande gelegene unbewegliche Sachen oder ihnen gleichgeachtete Rechte	1	—	—	bei Kauf- und Lieferungsverträgen vom Kauf- oder Lieferungspreis unter Hinzurechnung des Wertes der ausbedungenen Leistungen und vorbehaltenen Nutzungen; bei anderen Verträgen vom Gesamtwerte der Gegenleistung unter Hinzurechnung des Wertes der vorbehaltenen Nutzungen oder, wenn der Wert der Gegenleistung aus dem Vertrage nicht hervorgeht, von dem Werte des veräußerten Gegenstandes; *Allg V. § 6. Abs. 6.*
	b) außerhalb Landes gelegene unbewegliche Sachen und ebendaselbst befindliche bewegliche Sachen,[1] insoweit sie Zubehör der ersteren sind und mit diesen zusammen veräußert werden	—	3	—	
	c) andere Gegenstände aller Art, falls die Verträge nicht auf Grund der Tarifnummer 4 des Reichsstempelgesetzes der Reichsstempelabgabe unterliegen oder von ihr befreit sind	1/3	—	—	wie vor.
	(2) Der Stempel berechnet sich: 1. bei Tauschverträgen nach dem Werte der von einem der Vertragschließenden in Tausch gegebenen Gegenstände und zwar derjenigen, welche den höheren Wert				

Noch: Zu Tarifnummer 31.

2. Der ermäßigte Satz von 7,50 Mk. und 1,50 Mk. ist österreichisch-ungarischen Staatsangehörigen auch dann zugebilligt, wenn sie in Preußen weder einen Wohnsitz noch einen Grundbesitz mit einem Grundsteuerreinertrag von 150 Mk. haben. Die gleiche Ermäßigung gilt für Angehörige der Staaten Dänemark, Griechenland, Italien, Rußland, Schweden, Serbien und die Türkei. FM. 9. 8. 09 III 10696.

Lfd. Nr.	Gegenstand der Besteuerung	Steuersatz v. H.	Mk.	Pf.	Berechnung der Stempelabgabe
(32.)	haben, bei dem Tausche inländischer gegen ausländische Grundstücke nur nach dem Werte der ersteren; 2. bei gerichtlichen[2] Zwangsversteigerungen nach dem Betrage des Meistgebotes, zu dem der Zuschlag erteilt wird, unter Hinzurechnung der von dem Ersteher übernommenen Leistungen. Erreicht das Meistgebot nicht den Wert des Gegenstandes, so tritt dieser an die Stelle des Gebotes. Wenn der Ersteher zur Zeit der Einleitung der Zwangsversteigerung Hypotheken- oder Grundschuldgläubiger ist, so tritt an die Stelle des Meistgebotes, falls dieses hinter dem Gesamtbetrage der Hypotheken- oder Grundschuldforderungen des Erstehers und der diesen vorgehenden Forderungen zurückbleibt, dieser Gesamtbetrag, sofern er nicht den Wert des Gegenstandes übersteigt; *Allg. V. § 1 Abs. 1 Lit. e, § 6 Abs. 4 und § 20.* 3. bei Verträgen über Leistung an Erfüllungs Statt nach dem Werte, zu dem die Gegenstände an Erfüllungs Statt angenommen werden. Wird in einem Kaufvertrage hinsichtlich des Kaufpreises eine Leistung an Erfüllungs Statt vereinbart, so ist der Vertrag wie ein Tauschvertrag zu versteuern; [3] 4. wenn auf dem veräußerten Gegenstand ein Nießbrauchsrecht lastet, zu dessen Beseitigung der Veräußerer nicht verpflichtet ist, von dem Werte des veräußerten Gegenstandes, sofern dieser Wert den nach dem ersten Absatze dieser Tarifstelle zu berechnenden Betrag der Gegenleistung übersteigt. *Allg. V. § 6 Abs. 6.* (3) Wird bei einer Versteigerung, welche zum Zwecke der Auseinandersetzung unter Miteigentümern erfolgt, der Zuschlag einem Miteigentümer erteilt, so bleibt bei Berechnung des Stempels derjenige Teil des Meist-				

Lfd. Nr.	Gegenstand der Besteuerung	Steuersatz			Berechnung der Stempelabgabe
		v. H.	Mk.	Pf.	
(32.)	gebotes außer Betracht, welcher auf den dem Ersteher bereits zustehenden Anteil an den versteigerten Gegenständen fällt. Im Falle der Gemeinschaft unter Miterben gilt im Sinne dieser Vorschrift jeder Miterbe als Miteigentümer nach Verhältnis seines ideellen Anteiles am Nachlasse.				
	(4) Wird ein Zuschlagsurteil aufgehoben, so werden die angesetzten Beträge nicht erhoben oder, wenn sie bezahlt sind, erstattet. *Allg. V. § 9 Abs. 1, Abs. 2 Litt. b.*				
	(5) Beurkundungen von Veräußerungen beweglicher Sachen unterliegen dem Stempel dieser Tarifstelle auch dann, wenn sie nur von einem der Vertragschließenden im Sinne des zweiten Absatzes des § 1 dieses Gesetzes unterzeichnet und dem anderen Vertragschließenden ausgehändigt sind.[4] Ausgenommen sind Aufzeichnungen, welche im Handelsverkehr über Bestellungen gemacht und entgegengenommen werden (sogenannte Kommissionsnoten).[5]				
	(6) Beurkundungen von Übertragungen der Rechte der Erwerber aus Veräußerungsgeschäften über unbewegliche Sachen und ihnen gleichgeachtete Rechte oder über bewegliche Sachen sowie Beurkundungen nachträglicher Erklärungen der aus einem Veräußerungsgeschäfte der vorbezeichneten Art berechtigten Erwerber, die Rechte für einen Dritten erworben beziehungsweise die Pflichten für einen Dritten übernommen zu haben, werden in betreff der Stempelpflichtigkeit wie Beurkundungen der Veräußerungen der Sachen und Rechte behandelt. Dasselbe gilt von Übertragungen der Rechte aus Anträgen zur Schließung eines lästigen Veräußerungsgeschäftes, die den Veräußerer binden, sowie aus Verträgen, durch die nur der Veräußerer zur Schließung eines lästigen Veräußerungsgeschäftes verpflichtet wird.[6a, b]				
	(7) Wenn jedoch der erste Erwerber das Veräußerungsgeschäft erweislich auf Grund				

Lfd. Nr.	Gegenstand der Besteuerung	Steuersatz v. H.	Mk.	Pf.	Berechnung der Stempelabgabe
(32.)	eines Vollmachtsauftrages oder einer Geschäftsführung ohne Auftrag für einen Dritten abgeschlossen hat, so bedürfen Beurkundungen von Übertragungen der Rechte dieses ersten Erwerbers an den Dritten nur eines Stempels von	—	3	—	
	(8) In den Fällen des vorhergehenden Absatzes ist die Erstattung des bereits verwendeten Wertstempels anzuordnen. Auch muß die Abstandnahme von der Einziehung des Wertstempels angeordnet werden, falls dies innerhalb zweier Wochen nach erfolgter Beurkundung der Übertragung beantragt wird. Außerdem können bei sonstigen Beurkundungen der erwähnten Art in denjenigen Fällen die gleichen Anordnungen getroffen werden, in denen besondere Billigkeitsgründe vorhanden sind.[7] *Allg. V. § 9 Abs. 1 u. Abs. 2 Lit. a u. b.* (9) Beurkundungen der Abtretung der Rechte aus dem Meistgebote bei Zwangsversteigerungen oder die Erklärung des Meistbietenden, daß er für einen anderen geboten habe, ...	1	—	—	des Wertes der Gegenleistung oder, wenn eine solche in der Urkunde nicht enthalten ist, des Meistgebotes oder des nach Abs. 2 Ziffer 2 Satz 2 dieser Tarifstelle an dessen Stelle tretenden Wertes.
	Der Stempel ermäßigt sich auf	—	3	—	
	1 wenn die Abtretung der Rechte aus dem Meistgebot oder die Erklärung, für einen anderen geboten zu haben, in dem Versteigerungstermin erfolgt; 2. wenn ein Gläubiger Meistbietender war, welchem eine durch ein geringeres Gebot nicht oder nicht völlig gedeckte Hypothek, Grundschuld oder Rentenschuld zustand. *Allg. V. § 20.* (10) Ermäßigungen und Befreiungen: 1. Kauf- und Tauschverhandlungen zwischen Teilnehmern an einer Erbschaft zum Zwecke der Teilung der zu letzterer gehörigen Gegenstände	—	3	—	
	Zu den Teilnehmern an einer Erbschaft wird auch der überlebende Ehegatte gerechnet, welcher mit den Erben des verstorbenen Ehegatten gütergemeinschaftliches Vermögen zu teilen hat.				

Lfd. Nr.	Gegenstand der Besteuerung	Steuersatz v. H.	Mk	Pf.	Berechnung der Stempelabgabe
(32.)	2. Befreit sind Verträge, durch welche unbewegliche Sachen oder ihnen gleichgeachtete Rechte oder bewegliche Sachen allein oder im Zusammenhange mit anderem Vermögen von Aszendenten an Deszendenten oder eingekindschaftete Kinder übertragen werden. Auf Beurkundungen von Übertragungen der Rechte des Erwerbers aus Verträgen der vorbezeichneten Art an andere Personen als an Deszendenten oder eingekindschaftete Kinder des ursprünglich übertragenden Aszendenten finden die Bestimmungen des siebenten und achten Absatzes dieser Tarifstelle keine Anwendung. 3. Befreit sind Kauf- und Lieferungsverträge über Mengen von Sachen oder Waren, sofern dieselben entweder zum unmittelbaren Verbrauch in einem Gewerbe oder zur Wiederveräußerung in derselben Beschaffenheit oder nach vorgängiger Bearbeitung oder Verarbeitung dienen sollen oder im Deutschen Reiche in dem Betrieb eines der Vertragschließenden erzeugt oder hergestellt sind. 4. Gerichtliche oder notarielle Aufnahmen oder Beglaubigungen der nach der Tarifnummer 4 des Reichsstempelgesetzes reichsstempelpflichtigen oder von der Reichsstempelsteuer befreiten Kauf- und Anschaffungsgeschäfte	—	3	—	
	Vgl. die Anm. zu der bish. Tarifstelle 32 auf S. 159—197 dieses Buches.				

Zu Tarifnummer 32.

1. Der im Abs. 1 zu b für ausländische Grundstücke bestimmte Feststempel von 1,50 Mk. erstreckt sich nicht auf die mit solchen Grundstücken veräußerten beweglichen Sachen; die letzteren unterliegen, auch wenn sie sich im Stempelauslande befinden, dem Wertstempel von $^1/_3$ v. H. Dieser Grundsatz hat zu Klagen Anlaß gegeben, da in außerpreußischen Staaten Verträge über Veräußerungen beweglicher Sachen ebenfalls Stempelabgaben unterworfen zu werden pflegen, so daß Doppelversteuerungen eintreten können. Zur Vermeidung etwaiger Doppelversteuerungen ist deshalb in den Entwurf eine Bestimmung aufgenommen worden, wonach der von 1,50 Mk. auf 3 Mk. zu

Noch: Zu Tarifnummer 32.

erhöhende feste Stempel sich zugleich auf im Auslande befindliche bewegliche Sachen bezieht, insoweit sie Zubehör der Grundstücke sind. — Die Worte des jetzigen Tarifs: „(auch Lieferungsverträge)“ sind im Entwurf weggelassen, da das BGB. diese Verträge nicht mehr kennt. Begr. S. 11 (09).

2. Es sei in der ersten Zeile des Abs. 2 Ziffer 2 zwischen den Worten „bei“ und „Zwangsversteigerungen“ das Wort „gerichtlichen“ eingeschaltet worden, um alle Zweifel darüber auszuschließen, daß der Abs. 2 auf Zwangsversteigerungen beweglicher Sachen keine Anwendung finde. KB. S. 39 (09).

3. Der Abs. 2 Ziffer 4 behandle einen Fall der Umgehung des Immobiliarstempels, durch Bestellung eines Nießbrauchsrechts und späteren Erwerb des Grundstücks durch den Nießbrauchsberechtigten. Regierungsseitig sei bemerkt, daß diese Umgehungen in der Form vorkämen, daß B, der von A ein Grundstück erwerben wolle, sich zunächst an dem Grundstück durch Vertrag den Nießbrauch bestellen lasse, wofür nach dem zur Zeit geltenden Gesetz ein Stempel von 1,50 Mk., nach der Regierungsvorlage ein solcher von 3/10 v. H. zu entrichten sei. Alsdann verkaufe A an B in einem zweiten Vertrage das Grundstück, und in diesem Vertrage würde, da B sich schon im Besitze des Nießbrauchs befinde, nur das nackte Eigentum verkauft und hierfür ein geringer, mit dem Grundstückswerte in keinem Verhältnis stehender Preis ausbedungen. KB. S. 40 (09).

4. Der schon an und für sich nur in beschränktem Umfange zum Ansatz kommende Wertstempel von 1/3 v. H. wird der Staatskasse dadurch vielfach entzogen, daß die Vertragsurkunde nicht von beiden Vertragschließenden, sondern nur von einem derselben, gewöhnlich dem Käufer, unterschriftlich vollzogen und dann dem anderen Vertragschließenden, dem Verkäufer, ausgehändigt wird. Solche Ersparungen der gesetzlichen Stempelgefälle kommen ganz besonders zahlreich auf dem Gebiete des Möbelhandels durch Benutzung formularmäßig abgefaßter sogenannter „Möbelleihverträge“ vor. Nach ihrem Inhalt kauft der Käufer bestimmte Möbel zu einem vereinbarten Preise von der Möbelfirma (Abzahlungsgeschäft), zahlt eine Kaution, über welche die Firma quittiert und verpflichtet sich, die verbleibende Restsumme in Teilzahlungen abzutragen, während sich die Firma bis zur Zahlung des Gesamtpreises das Eigentum an den Gegenständen vorbehält. Diese nur einseitig vom Käufer vollzogenen Urkunden, die für die wirtschaftlichen und rechtlichen Zwecke der Beteiligten vollkommen genügen, können wegen der fehlenden Unterschrift der Verkäufer nicht als Vertragsurkunden versteuert werden. Derartigen, einer soliden Grundlage entbehrenden Geschäften eine besondere steuerliche Schonung angedeihen zu lassen, liegt kein Anlaß vor. Nach dem Vorschlage des Entwurfs im Abs. 5 sollen daher auch die einseitig unterzeichneten Vertragsurkunden ebenso wie zweiseitige versteuert werden, wenn sie der anderen Vertragspartei, welche nicht mitunterschrieben hat, ausgehändigt sind. Begr. S. 12 (09).

5. In der zweiten Lesung hatte schon der Abg. W. an die Staatsregierung die Anfrage gerichtet, ob die Einführung des Stempels auf einseitige Kauferklärungen, wenn ich mich so ausdrücken darf, auch die sogenannten Kommissionsnoten mit umfassen soll, wie sie sich der Reisende von dem Kunden bei Bestellungen unterzeichnen läßt, um seinem Prinzipal gegenüber für seine Provision oder zu anderen Zwecken einen Ausweis zu haben, oder wie sie sich der Geschäftsherr selber gelegentlich geben läßt, wenn er solche Bestellungen

Noch: Zu Tarifnummer 32.

annimmt. Die Königliche Staatsregierung hat nicht die Absicht, diese Kommissionsnoten der Besteuerung zu unterwerfen. Drucks. 09. Abg.H. S. 7212.

6a. Dem wirtschaftlichen Verkehr, namentlich der Spekulation mit Grundstückswerten, sei es im Laufe der Zeit gelungen, unter Ausnutzung unzulänglicher Gesetzesbestimmungen für die Beurkundung gewisser Geschäfte Formen zu finden, die von der Steuerpflichtigkeit nicht oder doch nicht in ausreichendem Maße erfaßt würden, gleichwohl aber zu demselben wirtschaftlichen Ergebnis führten, wie andere vom Gesetz mit hohen Wertstempelabgaben belegte Verkehrsakte. Infolge dieser Wahrnehmungen wurde im Abs. 5 der jetzigen Tarifstelle vorgeschrieben, daß Übertragungen der Rechte der Erwerber aus Grundstücksveräußerungsverträgen, die früher nur des Zessionsstempels von 1,50 Mk. bedurften, ebenso wie die Veräußerungsgeschäfte über die Grundstücke mit dem einprozentigen Wertstempel zu verstempeln sind. Durch die Schließung dieser im fiskalischen Besteuerungsrecht vorhanden gewesenen Lücke ist jedoch der beabsichtigte Zweck nur unvollkommen erreicht worden, denn der spekulative Grundstücksverkehr hat es wiederum verstanden, im Laufe der Jahre neue Wege ausfindig zu machen, auf denen er sich der Entrichtung der einprozentigen Stempelabgabe entziehen kann. Die Formen, in denen die Umgehungen nach wie vor vorgenommen werden, sind mannigfache; die Fälle, die im Hinblick auf ihre häufige Wiederkehr als typische bezeichnet werden müssen, sind Umgehungen in der Form von Zwischenveräußerungen durch Abtretung der Ansprüche aus Vertragsanträgen, aus Angebotverträgen, oder aus den Verkäufer einseitig verpflichtenden Verträgen.

Bei Abtretungen aus Vertragsanträgen wird meist in der Art verfahren, daß der Grundstücksbesitzer A dem B die Schließung eines Kaufvertrages anträgt (§§ 145 ff. BGB.), vielfach unter der Ermächtigung des B, die Rechte aus dem Angebote abzutreten. B macht hiervon Gebrauch und überträgt seine Rechte an C, dieser sie an D, D sie an E und es erfolgt schließlich die Auflassung von A an E. Alle diese Abtretungen bedürfen nur des Stempels von 1/50 v. H. der Tarifstelle 2. Die Umgehung vollzieht sich ferner, namentlich bei städtischen Grundstücken, durch Abtretungen aus Angebotverträgen. A schließt mit B einen notariellen Vertrag, durch den A dem B oder einem von B zu bezeichnenden Dritten den Abschluß eines Kaufvertrages über sein Grundstück anbietet. Zur Annahme des Angebots wird eine bestimmte Frist gesetzt. Noch vor Ablauf der Frist ist ein Teil des Kaufgeldes zu zahlen, der im Falle der Nichtannahme des Angebots als verfallen gilt. Hat B in C einen Erwerber gefunden, so schließen A, B und C einen weiteren Vertrag, in dem C den Vertragsantrag des A annimmt und an B eine Provision für die Zuführung des Grundstücks zahlt. Die Auflassung erfolgt unmittelbar von A an C. Hier liegen offensichtlich nach der wirtschaftlichen Seite hin zwei Veräußerungsgeschäfte vor, und die von C zu zahlende Provision ist weiter nichts als die Preissteigerung. Der einprozentige Wertstempel ist aber dadurch umgangen, daß bei dem ersten Geschäft zwischen A und B an Stelle des Kaufgeschäfts ein Angebot-(Offert-)vertrag getreten ist. Zur Verhütung der Umgehung der gesetzlichen Abgabe von 1 v. H. ist bei Abs. 6 des Entwurfs (dem Abs. 5 der jetzigen Tarifstelle) ein Zusatz gemacht, durch den Anträge und Angebotverträge den Veräußerungsgeschäften gleichgestellt werden. Dadurch wird erreicht, daß die Abtretungen aus Anträgen

Lfd. Nr.	Gegenstand der Besteuerung	Steuersatz v. H.	Mk.	Pf.	Berechnung der Stempelabgabe
33.	**Konsolidationen von Bergwerkseigentum** (Vereinigung zweier oder mehrerer Bergwerke zu einem einheitlichen Ganzen), Bestätigungsurkunden darüber	—	300	—	
	Erreicht der Gesamtwert des konsolidierten Bergwerkseigentums nicht 10000 Mark . .	—	30	—	
34.	**Kuxe** (§ 101 des Allgemeinen Berggesetzes für die Preußischen Staaten vom 24. Juni 1865 — Gesetzsamml. S. 705 —)				
	Kuxscheine, soweit solche vor dem 1. Juli 1900 ausgefertigt sind[1]	—	1	50	
	Schriftstücke über Übertragungen von Kuxen der bezeichneten Art	1/10	—	—	des Wertes der Gegenleistung oder, wenn eine solche in der Urkunde nicht enthalten ist, des Wertes des abgetretenen Kuxes.

Noch: Zu Tarifnummer 32.

und Angebotverträgen künftig in gleicher Weise wie diejenigen aus den Veräußerungsgeschäften selbst — nämlich wie Sachveräußerungen — versteuert werden müssen. Dieser Vorschrift sollen weiter diejenigen Fälle unterworfen werden, in denen der Verkäufer sich zur Schließung eines lästigen Veräußerungsgeschäftes verpflichtet. Begr. S. 12, 13 (09).

6 b. Zu Abs. 6 sei in der Subkommission klargestellt, daß durch diesen Absatz nicht die Anträge zur Schließung eines lästigen Veräußerungsgeschäftes, sondern nur die Übertragungen der Rechte aus solchen Anträgen getroffen werden sollten. Zu den Anträgen selbst, wenn sie in notarieller oder gerichtlicher Form beurkundet würden, sei nur der Notariatsurkunden- oder Protokollstempel von 1,50 Mk. (jetzt von 3 Mk.) zu zahlen. Zur Beseitigung aller Zweifel über die Tragweite des zweiten Satzes des Abs. 6 habe dieser Satz eine andere, klarere Fassung erhalten. Regierungsseitig sei noch darauf hingewiesen worden, daß Grundstücksveräußerungen im Wege der Übertragung von Rechten aus Offerten sehr häufig in der Weise vorgenommen würden, daß, wenn jemand eine Veräußerungsofferte zur Annahme innerhalb einer bestimmten Frist mache, gleichzeitig vereinbart werde, daß ein Teil des bar zu erlegenden Kaufgeldes sofort bezahlt werden solle. Komme es nicht zur Annahme, dann verfalle der gezahlte Betrag und gelte als Konventionalstrafe. Komme es dagegen zur Annahme, so werde der gezahlte Betrag auf das später zu leistende Gesamtentgelt angerechnet. Diese Fälle, wo beide Teile vollständig gebunden seien, die also wirtschaftlich dem Kaufvertrage sehr naheständen, sollten ebenfalls durch den Abs. 6 getroffen werden. Unbilligkeiten würden nicht entstehen, denn einmal käme der Abs. 7 der Tarifstelle 32 zur Anwendung und ferner könne in allen Fällen, wo tatsächlich die Ausführung unterbleibe, die Stempelsteuer gemäß § 25 Abs. 2 des Gesetzes erstattet werden. KB. S. 40 (09).

7. In den Fällen des Abs. 8 ist die Erstattung der Stempel aus Billigkeitsgründen von den Oberzolldirektionen anzuordnen. Der Abs. 3 der Bek. 42 erleidet insoweit eine Änderung. FM. 5. 7. 09 III 10 959.

Lfd. Nr.	Gegenstand der Besteuerung	Steuersatz v. H.	Mk.	Pf.	Berechnung der Stempelabgabe
(34.)	Schriftstücke über Verpfändungen von Kuxen wie Sicherstellung von Rechten, s. diese.				
35.	**Legalisation von Urkunden,** sofern sie nicht auf der Urkunde selbst stattfindet	—	3	—	
	sonst . . . . frei.				
36.	**Leibrenten- und Rentenverträge,** wodurch zu gewissen Zeiten wiederkehrende Zahlungen von Geld für eine oder mehrere bestimmte Personen während der Lebensdauer derselben oder auf bestimmte oder unbestimmte Zeit gegen Entgelt erworben werden, mag die Gegenleistung in einer bestimmten Geldsumme oder in der Hingabe von Sachen oder in der Übernahme von Leistungen oder Verpflichtungen, oder aber in dem Aufgeben von Rechten bestehen, falls nicht die Tarifstelle „Versicherungsverträge" zur Anwendung kommt	1	—	—	des Kapitalwertes der Renten.
	Vgl. die Anm. zu den bish. Tarifstellen 35 und 36 auf S. 201—203 dieses Buches.				
37.	**Leichenpässe,** s. Pässe.				
38.	**Lieferungsverträge,** s. Kaufverträge. *Allg. V. § 1 Abs. 3, § 12 Abs. 2.*				
39.	(1) **Lustbarkeiten,** Genehmigungen der Ortspolizeibehörden:				
	a) zum Betrieb eines Zirkus, eines nicht mit menschlicher oder tierischer Kraft bewegten Karussells oder eines Kinematographen und dergleichen	—	10	—	
	b) zur Veranstaltung von Musikaufführungen, Singspielen, Gesangs- und deklamatorischen Vorträgen, theatralischen Vorstellungen oder sonstigen Lustbarkeiten aller Art.	—	5	—	

Zu Tarifnummer 34.

1. Diese Tarifstelle komme nur noch bei der Abtretung von Kuxen, die vor dem 1. Juli 1900 ausgestellt seien, in Betracht. Wenn die Tarifstelle nun bestehen bleibe, so dürfe sie doch nicht zu einem Fallstrick werden in der Weise, daß jemand, der diese Bestimmung lese, zu der Meinung komme, auch Kuxe neueren Datums müßten preußisch-rechtlich verstempelt werden. KB. S. 45, 46 (09).

Lfd. Nr.	Gegenstand der Besteuerung	Steuersatz v. H.	Mk.	Pf.	Berechnung der Stempelabgabe
(39.)	(2) Bezüglich der Verpflichtung zur Entrichtung der Stempelsteuer macht es keinen Unterschied, ob die Lustbarkeiten von einzelnen Personen oder von öffentlichen, Privat- oder geschlossenen Gesellschaften dargeboten werden. (3) Bei Lustbarkeiten geringfügiger Art kann der Stempel auf 3, 2, 1 Mark oder in ganz besonderen Fällen bis auf 0,50 Mark ermäßigt werden.[1, 2] *Vgl. die Anm. zu der bish. Tarifstelle 39 auf S. 203—207 dieses Buches.*				

Zu Tarifnummer 39.

1. Ein Kommissar des Finanzministeriums erklärte, in erster Linie habe gegenwärtig die Frage, ob eine Lustbarkeit geringfügiger Art sei oder nicht, zwar die betreffende Behörde zu entscheiden, aber die Steuerbehörde habe das Nachprüfungsrecht. Man habe nun die Erfahrung gemacht, daß die die Erlaubnis erteilenden Behörden sehr geneigt seien, möglichst viel Lustbarkeiten als geringfügig anzusehen. Dadurch sei ein ganz kolossaler Ausfall entstanden, und die Verwaltung habe sich zu der Anordnung genötigt gesehen, daß die Polizeibehörde in jedem einzelnen Falle die Gründe, welche für die Beurteilung einer Lustbarkeit als einer geringfügigen bestimmend gewesen sind, in ihren Akten formularmäßig zu bezeichnen habe. Diese Anordnung habe sich bewährt. Geringfügigkeiten würden etwa bei einem Drittel sämtlicher Lustbarkeiten angenommen. Er glaube, es empfehle sich, das jetzige Verfahren beizubehalten, daß zunächst die die Erlaubnis erteilende Behörde, also die Ortspolizeibehörde, darüber entscheide, welcher Stempel zu verwenden sei, und daß dann die Steuerbehörde gelegentlich der Lokalrevisionen nachprüfe, ob im allgemeinen die richtigen Grundsätze beobachtet worden seien. KB. S. 48 (09).

2. An die Stelle der gegenwärtig zur Anwendung kommenden 4 Formulare, die durch Ergänzung auf die höheren Steuersätze aufzubrauchen sind, treten 11 Formulare.

Für die Versteuerung bleiben die bisherigen Anordnungen in Geltung, insbesondere die Runderlasse vom 15. 11. 96 III 15634 (ZBl. S. 649), vom 6. 6. 98 III 5379 (ZBl. S. 280) und vom 14. 12. 98 III 15865 (ZBl. S. 5 von 99).

Hinsichtlich der Anwendung der Steuersätze im einzelnen wird auf die Vorschrift unter V des Erl. vom 15. 11. 96 verwiesen. Insoweit nicht der Stempel von 10 Mk. Platz greift, gilt der Satz von 5 Mk. als Regel und die Anwendung geringerer Steuersätze ist nur ausnahmsweise und unter den in jenem Erlaß erörterten Voraussetzungen zuzulassen. Außerdem sind,

Lfd. Nr.	Gegenstand der Besteuerung	Steuersatz v. H.	Mk.	Pf	Berechnung der Stempelabgabe
40.	**Mäkler, vereidigte,** Urkunden über die Bestätigung oder Anstellung derselben	—	25	—	
41.	**Miet- und Aftermietverträge,** s. Pacht- und Afterpachtverträge.				
42.	(1) **Namensänderungen,** Genehmigungen zur Änderung des Familiennamens	—	100	—	
	sofern damit eine Namensvermehrung verbunden ist	—	200	—	
	(2) Bei nachgewiesener Bedürftigkeit oder aus Billigkeitsgründen[1] kann der Stempel bis auf	—	5	—	
	ermäßigt werden.				
	(3) Namensvermehrung und Namenswechsel bei adeligen Namen ein Viertel der Sätze der Tarifstelle 60 Buchstabe a.				
	(4) Erfolgt die Namensvermehrung und der Namenswechsel in Verbindung mit einer Standeserhöhung, so kommt außerdem der für letztere in der vorerwähnten Tarifstelle verordnete Stempelbetrag zur Erhebung.				
	(5) Befreit sind Namensänderungen, bei denen es sich um die Umwandlung eines fremdsprachigen in einen deutschen Namen handelt.				
	Vgl. die Anm. zu der bish. Tarifstelle 42 auf S. 208 dieses Buches.				

Nach: Zu Tarifnummer 39.

wie es auch zur Zeit geschehen muß, in der Genehmigung die Gründe anzugeben, aus denen sich im einzelnen Falle die Versteuerung zu den Ausnahmesätzen rechtfertigt. FM. 9. 8. 09 III 10696.

Zu Tarifnummer 42.

1. In einigen Provinzen der preußischen Monarchie entspricht es einer im Volke wurzelnden Übung, daß sich die einzelnen bäuerlichen Besitzer nach dem Namen ihres Hofes einen Beinamen geben. Ich möchte nun eine Erklärung der Königlichen Staatsregierung darüber erbitten, ob sie der Auffassung ist, daß diese im Volksbewußtsein wurzelnde Übung als ein Billigkeitsgrund im Sinne der Tarifstelle 42 anzusehen ist, und in der Praxis angesehen werden wird. Darauf erklärte der Regierungskommissar: Ich habe namens der Königlichen Staatsregierung zu erklären, daß sie in den von dem Herrn Abg. soeben bezeichneten Fällen Billigkeitsgründe anerkennt. Wir werden diesem Umstande dadurch Rechnung tragen, daß wir eine bezügliche Bestimmung

Lfd. Nr.	Gegenstand der Besteuerung	Steuersatz v. H.	Mk.	Pf.	Berechnung der Stempelabgabe
43.	(1) **Naturalisationsurkunden**, mit Ausnahme derjenigen, welche für im Reichsdienst angestellte Ausländer ausgestellt werden . . .	—	150	—	
	(2) Bei nachgewiesener Bedürftigkeit des zu Naturalisierenden kann der Stempel bis auf	—	5	—	
	ermäßigt werden.				
44.	**Nießbrauchsbestellungen**, Anträge auf Eintragung eines Nießbrauches 1a·b, an im Inlande gelegenen unbeweglichen Sachen oder ihnen gleichgeachteten Rechten sowie Urkunden über die Bestellung eines Nießbrauches an beweglichen Sachen oder Rechten *Allg. V. § 1 Abs. 1 Lit. b.*	3/10	—	—	des Kapitalwertes der nach dem Reinertrage des Nießbrauches zu berechnenden Nutzungen. [1a·b]

Noch: Zu Tarifnummer 42.

in die Ausführungs- und Vollzugsbestimmungen aufnehmen. Danach werden alle Herren Regierungspräsidenten, die mit diesen Namensveränderungen zu tun haben, wissen, wie sie die Besteuerung solcher Namensveränderungen zu handhaben haben. Drucks. 09 AbgH. S. 7059. — FME. 9. 8. 09 III 10696.

Zu Tarifnummer 44.

1a. Ein Mitantragsteller führt aus, daß die neue Tarifstelle Nießbrauchsbestellungen zu Zweifeln Anlaß gebe insofern, als man nicht wisse, ob bei Bestellung eines Nießbrauchs an einem Grundstück nur der hierauf gerichtete Vertrag stempelpflichtig sei, oder ob zur Begründung der Stempelpflicht die einseitige Eintragungsbewilligung des Eigentümers genüge, und zu welchen Urkunden der Stempel zu verwenden sei, wenn Vertrag und Eintragungsbewilligung getrennt beurkundet seien. Diese Zweifel wolle der Antrag durch eine klare Vorschrift beseitigen. Um weiteren Zweifeln zu begegnen, sei ausdrücklich im Antrage hervorgehoben, daß — was übrigens seitens der Kommissare der Staatsregierung für selbstverständlich erklärt worden sei — der Kapitalwert des Nießbrauchs nur nach dem Reinertrage des Nießbrauchs, also nach Abzug der darauf haftenden Lasten zu berechnen sei. KB. S. 50, 51 (09).

1b. Ein Abgeordneter bat um Auskunft über folgende Frage. Nicht selten werde ein Grundstück von einem Aszendenten an einen Deszendenten unter Aussetzung eines Ausgedinges und mit der Abrede verkauft, daß zunächst der Überlasser sich das Nießbrauchsrecht, sei es bis zu einem bestimmten, sei es bis zu einem ganz unbestimmten Zeitpunkte, vorbehalte, der in dem Willen des Überlassers liege. Derartige Verträge lauteten meist dahin: solange der Nießbrauch bestehe, trete das Ausgedinge nicht in Kraft, sondern erst dann, wenn das Nießbrauchsrecht beseitigt oder aufgehoben ist. Nun erfordere der Vertrag zwischen Aszendenten und Deszendenten nur einen geringen Fixstempel; daneben aber — das Grundstück werde aufgelassen, und

Lfd. Nr.	Gegenstand der Besteuerung	Steuersatz v. H.	Mk.	Pf.	Berechnung der Stempelabgabe
45.	**Notariatsurkunden,** welche die Stelle einer in diesem Tarife versteuerten Verhandlung vertreten, wie diese;				
	sonst und in allen Fällen mindestens . .	—	3	—	
	Vgl. die Anm. zu der bish. Tarifstelle 45 auf S. 209 dieses Buches.				
46.	**Notarielle Zeugnisse,** wie amtliche Zeugnisse, s. Zeugnisse.				
47.	**Offizierpatente,** wie Bestallungen, s. diese.				
48.	**Pacht- und Mietverträge.**[1a·b]				
	I. 1. (1) Schriftliche oder mündliche Verträge über die Verpachtung oder Vermietung[2] im Inlande gelegener unbeweglicher Sachen oder ihnen gleichgeachteter Rechte,[3] sofern der verabredete, nach der Dauer eines Jahres zu berechnende Pacht- oder Mietzins beträgt:				
	mehr als 360 Mark, aber nicht mehr als 400 Mark	$1/10$	—	—	des Pacht- oder Mietzinses, wobei der Wert nicht in Geld bestehender Nebenleistungen dem Zinse nicht hinzuzurechnen ist,
	mehr als 400 Mark, aber nicht mehr als 500 Mark	$2/10$	—	—	
	mehr als 500 Mark, aber nicht mehr als 1000 Mark	$3/10$	—	—	

Noch: Zu Tarifnummer 44.

gehe unter Vorbehalt des Nießbrauchs in das Eigentum des Deszendenten über — werde der Stempel für die Nießbrauchsbestellung in Frage kommen. Er bitte, falls hier der Nießbrauchsstempel nicht erhoben werden solle, dies zum Ausdruck zu bringen.

Ein Kommissar der Finanzverwaltung erwiderte, daß der Vorbehalt des Nießbrauchsrechtes in diesem Falle einen wesentlichen Bestandteil des Kaufvertrages zwischen dem Aszendenten und dem Deszendenten über das Grundstück bilde, der nach Tarifstelle 32 Abs. 11 Ziffer 2 stempelfrei sei; folglich könne auch der Vorbehalt des Nießbrauchs den Stempel von $3/10$ v. H. nicht erfordern.

Ein anderer Abgeordneter wünscht in maßgebender Weise festgestellt zu sehen, ob bei der Berechnung des Kapitalwerts eines Nießbrauchs auch Verwaltungskosten, Abgaben, Versicherungsprämien u. dgl. abzugsfähig seien.

Der Vertreter des Finanzministeriums kann nur bestätigen, daß auch die eben bezeichneten Abzüge in Betracht kämen, daß also der für die Stempelberechnung maßgebende Reinertrag des Nießbrauchs derjenige Betrag sei, der nach Abzug aller Lasten, Versicherungsprämien usw. usw. verbleibe. KB. S. 50, 51 (09).

Lfd. Nr.	Gegenstand der Besteuerung	Steuersatz v. H.	Mk.	Pf.	Berechnung der Stempelabgabe
(48.)	mehr als 1000 Mark, aber nicht mehr als 2000 Mark	4/10	—	—	wie vor.
	mehr als 2000 Mark, aber nicht mehr als 3000 Mark	5/10	—	—	
	mehr als 3000 Mark, aber nicht mehr als 4000 Mark	6/10	—	—	
	mehr als 4000 Mark, aber nicht mehr als 5000 Mark	7/10	—	—	
	mehr als 5000 Mark, aber nicht mehr als 6000 Mark	8/10	—	—	
	mehr als 6000 Mark, aber nicht mehr als 7000 Mark	9/10	—	—	
	mehr als 7000 Mark, aber nicht mehr als 8000 Mark	1	—	—	
	mehr als 8000 Mark, aber nicht mehr als 9000 Mark	1 1/10	—	—	
	mehr als 9000 Mark, aber nicht mehr als 10 000 Mark	1 2/10	—	—	
	mehr als 10 000 Mark, aber nicht mehr als 11 000 Mark	1 3/10	—	—	
	mehr als 11 000 Mark, aber nicht mehr als 12 000 Mark	1 4/10	—	—	
	mehr als 12 000 Mark, aber nicht mehr als 13 000 Mark	1 5/10	—	—	
	mehr als 13 000 Mark, aber nicht mehr als 14 000 Mark	1 6/10	—	—	
	mehr als 14 000 Mark, aber nicht mehr als 16 000 Mark	1 7/10	—	—	
	mehr als 16 000 Mark, aber nicht mehr als 18 000 Mark	1 8/10	—	—	
	mehr als 18 000 Mark, aber nicht mehr als 20 000 Mark	1 9/10	—	—	
	mehr als 20 000 Mark	2	—	—	
	insoweit nicht die Bestimmungen des Abs. 6 Ziffer 3 unter I dieser Tarifstelle zur Anwendung kommen.				
	Allg. V. § 1 Abs. 2 und 3.				
	(2) Betrifft das Mietverhältnis Räume, die für gewerbliche oder berufliche Zwecke bestimmt sind, so bleiben 50 vom Hundert der nach dem vorstehenden Absatze zu berechnenden Stempelabgabe unerhoben.				
	(3) Betrifft ein Mietverhältnis zum Teil Räume, die für gewerbliche oder berufliche[4]				

Lfd. Nr.	Gegenstand der Besteuerung	Steuersatz v. H.	Mk	Pf.	Berechnung der Stempelabgabe
(48.)	Zwecke bestimmt sind, zum Teil andere Räume, so tritt die Ermäßigung des vorhergehenden Absatzes nur ein, wenn in dem im Abs. 8 unter I dieser Tarifstelle vorgeschriebenen Verzeichnis eine entsprechende Trennung des Mietzinses gemacht ist. Die Trennung kann auch nachträglich bis zum Ablaufe des Januar, in welchem das Verzeichnis einzureichen ist, von den hierzu Verpflichteten schriftlich oder zu Protokoll der Zollbehörde erklärt werden. Bei der nach dem Abs. 10 unter I dieser Tarifstelle gestatteten Vorausbezahlung der Abgabe kann die Trennung in der angegebenen Form innerhalb einer Frist von einem Monate nach der Versteuerung des Verzeichnisses noch nachträglich vorgenommen werden. Trägt die Zollbehörde Bedenken, die Trennung als richtig anzunehmen, so finden die §§ 6, 7 und 27 Abs. 3 dieses Gesetzes Anwendung. *Allg. V. § 22 Abs. 4.*				
	2. (4) Schriftliche oder mündliche Verträge über die Verpachtung der Jagd auf inländischen Grundstücken (Jagdpachtverträge),[4a] wenn der verabredete, nach der Dauer eines Jahres zu berechnende Pachtzins beträgt:				
	mehr als 300 Mark, aber nicht mehr als 500 Mark	2	—	—	des Pachtzinses, wobei der Wert nicht in Geld bestehender Nebenleistungen dem Zinse nicht hinzuzurechnen ist.
	mehr als 500 Mark, aber nicht mehr als 1500 Mark	3	—	—	
	mehr als 1500 Mark, aber nicht mehr als 3000 Mark	5	—	—	
	mehr als 3000 Mark, aber nicht mehr als 6000 Mark	7	—	—	
	mehr als 6000 Mark, aber nicht mehr als 8000 Mark	9	—	—	
	mehr als 8000 Mark	10	—	—	
	Verträge über die Anpachtung von gemeinschaftlichen Jagdbezirken unterliegen jedoch, sofern der verabredete, nach der Dauer eines Jahres zu berechnende Pachtzins den Betrag von 1500 Mark nicht übersteigt,				

Lfd. Nr.	Gegenstand der Besteuerung	Steuersatz v. H.	Mk.	Pf.	Berechnung der Stempelabgabe
(48.)	nur einem Stempel von	$^{3}/_{10}$	—	—	wie vor,
	wenn als Pächter ausschließlich solche Inländer auftreten, welche im Gemeindebezirk ihren Wohnsitz haben und zu den Jagdgenossen des Jagdbezirkes gehören.				
	Schriftliche oder mündliche Verträge über die Erlaubnis zum Abschusse jagdbarer Tiere auf inländischen Grundstücken gegen Entgelt stehen den Jagdpachtverträgen gleich mit der Maßgabe, daß das innerhalb des laufenden Kalenderjahres zu zahlende Entgelt an die Stelle des nach der Dauer eines Jahres zu berechnenden Pachtzinses tritt. Sie unterliegen indessen einem Mindeststempel von jährlich	—	15	—	
	(5) Enthält ein schriftlicher oder mündlicher Vertrag neben sonstigen Vereinbarungen auch Vereinbarungen über die Verpachtung der Jagd oder über Berechtigungen zum Abschusse jagdbarer Tiere gegen Entgelt, so ist der auf diese Vereinbarungen entfallende Teil des Entgelts nach den Vorschriften über Jagdpachtverträge zu versteuern.[5] Trägt die Zollbehörde Bedenken, das Entgelt, das in das im Abs. 8 unter I dieser Tarifstelle vorgeschriebene Verzeichnis einzutragen ist, als richtig anzunehmen, so finden die §§ 6, 7 und 27 Abs. 3 dieses Gesetzes entsprechende Anwendung.				
	3. (6) Schriftliche oder mündliche Verträge über die Verpachtung im Inlande gelegener unbeweglicher Sachen zur land- und forstwirtschaftlichen Nutzung, sofern der verabredete, nach der Dauer eines Jahres zu berechnende Pachtzins beträgt:				
	mehr als 300 Mark, aber nicht mehr als 3000 Mark	$^{1}/_{10}$	—	—	wie vor.
	mehr als 3000 Mark, aber nicht mehr als 30000 Mark	$^{2}/_{10}$	—	—	
	mehr als 30000 Mark	$^{3}/_{10}$	—	—	
	(7) Befreiungen.				
	Befreit sind:				
	1. Pacht- und Mietverträge, bei denen der verabredete, nach der Dauer eines Jahres				

Lfd. Nr.	Gegenstand der Besteuerung	Steuersatz v. H.	Mk.	Pf.	Berechnung der Stempelabgabe
(48.)	zu berechnende Pacht- oder Mietzins ausschließlich des Wertes nicht in Geld bestehender Nebenleistungen den Betrag von 360 Mark, beziehungsweise bei Jagdpachtverträgen und den im Abs. 6 bezeichneten Verträgen den Betrag von 300 Mark, nicht übersteigt; 2. Mietverträge, durch die Gastwirte oder Zimmervermieter Fremde zur Beherbergung aufnehmen. (8) Die Versteuerung der Verträge erfolgt in der Art, daß jeder Verpächter oder Vermieter verpflichtet ist, nach Schluß eines jeden Kalenderjahres die während dessen Dauer in Geltung gewesenen Verträge einzeln in ein Verzeichnis (Pacht- und Mietverzeichnis) einzutragen, das enthalten muß: 1. die Bezeichnung des Gegenstandes des Vertrages; 2. die Namen der Pächter und Mieter; 3. die Dauer des Vertragsverhältnisses während des Kalenderjahres; 4. den Pacht- und Mietzins; 5. den erforderlichen Stempelbetrag; 6. die Versicherung des Verpächters oder Vermieters, daß andere als die im Verzeichnis aufgeführten Pacht- und Mietverträge, an denen er als Verpächter oder Vermieter beteiligt gewesen sei, im Kalenderjahre nicht in Geltung gewesen seien; 7. die Namensunterschrift des Verpächters oder Vermieters.[5a] (9) Das Verzeichnis über die während der Dauer des Kalenderjahres in Geltung gewesenen Verträge ist der zuständigen Zollstelle spätestens bis zum Ablaufe des Januar des darauf folgenden Jahres unter Einzahlung des erforderlichen Stempelbetrages von dem Verpächter oder Vermieter einzureichen. Auf Antrag kann den Verpächtern oder Vermietern die Versteuerung der Verträge durch das Verzeichnis ohne amtliche Überwachung auf Widerruf gestattet werden;[5b] in diesem Falle ist das Verzeichnis				

Lfd. Nr.	Gegenstand der Besteuerung	Steuersatz v. H.	Mk.	Pf.	Berechnung der Stempelabgabe
(48.)	unbeschadet der in den Abs. 12, 13 und 14 enthaltenen Verpflichtungen der Zollbehörde nur auf Verlangen einzureichen. (10) Die Vorausbezahlung der Abgabe auf einen über das Kalenderjahr hinausgehenden Zeitraum ist zulässig; die Versteuerung der Verzeichnisse kann in diesen Fällen schon vor Beginn desjenigen Januar, in dem sonst die Versteuerung vorgenommen werden müßte, bewirkt werden. Die im § 11 des Gesetzes vorgeschriebene Abrundung auf 0,50 Mark findet unter Zugrundelegung des Gesamtbetrages der im voraus entrichteten Stempelabgabe statt. (11) Die in den Verzeichnissen zu machenden Angaben können auf Verlangen bei der Zollbehörde zu Protokoll erklärt werden. (12) Die Verzeichnisse sind von den zu ihrer Führung verpflichteten Personen fünf Jahre lang aufzubewahren. Auf Verlangen erfolgt die Aufbewahrung durch die Zollbehörde. (13) Verpächter und Vermieter, welche Verzeichnisse nicht eingereicht haben, sind verpflichtet, der Zollbehörde auf Verlangen darüber Auskunft zu geben, ob im vorangegangenen Kalenderjahre Pacht- oder Mietverträge, an denen sie als Verpächter oder Vermieter beteiligt waren, in Geltung gewesen sind. (14) Die nach den vorstehenden Bestimmungen den Verpächtern und Vermietern obliegenden Verpflichtungen sind auch von deren Vertretern[6] zu erfüllen. (15) Im Dezember jeden Jahres ist von den Hauptzollämtern auf die Bestimmungen über die Führung der Verzeichnisse und die Versteuerung durch Bekanntmachung in öffentlichen Blättern aufmerksam zu machen. (16) Behörden sind berechtigt, die Versteuerung der von ihnen zu führenden Verzeichnisse selbst zu bewirken. (17) Wenn Pacht- oder Mietverträge vor Ablauf der vertragsmäßig festgesetzten Zeit				

Lfd. Nr.	Gegenstand der Besteuerung	Steuersatz v. H.	Steuersatz Mk.	Steuersatz Pf.	Berechnung der Stempelabgabe
(48.)	ihr Ende erreichen, so ist der Stempel nur für die Zeit bis zur Beendigung der Verträge zu entrichten. (18) Auf Verträge, bei denen der Jahreszins 360 Mark, beziehungsweise auf Jagdpachtverträge und die im Abs. 6 bezeichneten Verträge, bei denen der Jahreszins 300 Mark übersteigt, findet die Vorschrift des § 4 Buchstaben a dieses Gesetzes mit der Maßgabe Anwendung, daß ein Stempel nicht in Ansatz kommt, wenn der für die Gesamtdauer des Vertragsverhältnisses zu entrichtende Pacht- oder Mietzins den Betrag von 150 Mark nicht übersteigt.[7] (19) Die Beurkundungen von Abtretungen der Rechte aus Verträgen dieser Tarifstelle unterliegen einer anderen als der nach den obigen Bestimmungen zu entrichtenden Stempelsteuer nicht. (20) Wenn in einem Vertrage dieser Tarifstelle bestimmt ist, daß das Rechtsverhältnis unter gewissen Voraussetzungen als verlängert gelten soll, so kommen für die hiernach eintretenden Verlängerungen die vorstehenden Bestimmungen zur Anwendung. (21) Die durch Briefwechsel oder einen Austausch sonstiger schriftlicher Mitteilungen[8] zustande gekommenen Verträge sind hinsichtlich der Stempelpflicht wie förmliche schriftliche Verträge zu behandeln. (22) Anmerkung. Mehrere zwischen denselben Vertragsbeteiligten innerhalb eines Jahres geschlossene Pacht- oder Mietverträge gelten hinsichtlich der Stempelpflichtigkeit als ein einheitlicher Pacht- oder Mietvertrag, wenn anzunehmen ist, daß der Abschluß der mehreren Verträge zur Vermeidung des höheren Steuersatzes oder zur Erlangung der Steuerfreiheit gewählt worden ist. II. Schriftliche Pacht- oder Mietverträge über außerhalb Landes gelegene Grundstücke oder				

Lfd. Nr.	Gegenstand der Besteuerung	Steuersatz v. H.	Mk.	Pf.	Berechnung der Stempelabgabe
(48.)	ihnen gleichgeachtete Rechte sowie über Jagdberechtigungen an solchen Grundstücken . .	—	1	50	
	III. (1) Schriftliche Pacht- oder Mietverträge anderer als der unter I und II bezeichneten Art[9]	$^3/_{10}$	—	—	des Zinses,
	mindestens aber	—	1	50	
	(2) Der Stempel berechnet sich nach der Dauer der bedungenen Vertragszeit; bei Verträgen auf unbestimmte Zeit ist der Versteuerung eine einjährige Dauer zu Grunde zu legen. Bei Verträgen, die auf die Lebenszeit[10] des Verpächters oder Pächters, des Vermieters oder Mieters geschlossen sind, kommt die Vorschrift des § 6 Abs. 10 des Gesetzes zur Anwendung. *Vgl. die Anm. zu der bisherigen Tarifstelle 48 auf S. 212–215 dieses Buches.*				

Zu Tarifnummer 48.

1a. In der Einleitung der jetzigen Tarifstelle sind neben den Pacht- und Mietverträgen auch die „antichretischen Verträge" aufgeführt, die im Allgemeinen Landrecht im Teil I Tit. 20 unter dem Rechte des Unterpfandes geregelt waren. Man versteht darunter Pfandverträge, die den Gläubiger berechtigen, die ihm zum Pfande gegebene fruchttragende Sache zu verwalten, ihre Früchte und Nutzungen für sich einzuziehen und das Gewonnene zuerst auf die verabredeten Zinsen der Schuld und sodann auf das Kapital abzurechnen (ALR. Teil I Tit. 20 §§ 139, 140ff., 224ff.). Seit dem 1. Januar 1900 hat die Tarifstelle, soweit sie sich auf antichretische Verträge bezieht, zum großen Teil ihre Bedeutung verloren, da dem BGB. Vorschriften über antichretische Pfandverträge an Grundstücken fremd sind. Es bleiben daher für die Versteuerung von Antichresen an Grundstücken nur die vor dem 1. Januar 1900 im Grundbuch eingetragenen übrig, denn diese Rechte bestehen nach der Regel des § 184 EG. z. BGB. noch fort. Solche Antichresen sind gegenwärtig, wenn überhaupt, so doch nur noch in geringer Anzahl vorhanden. Das BGB. läßt aber noch antichretische Pfandverträge an beweglichen Sachen zu (§§ 1213, 1214) und in Ansehung dieser Verträge bleibt also die Tarifstelle 48 nach wie vor wirksam. In dieser Anwendung ist sie jedoch ebenfalls nur von geringer steuerlicher Tragweite. Begr. S. 15 (09).

1b. Der wirtschaftliche Zweck der Antichresen wird nach dem BGB. durch Nießbrauchsbestellungen (§§ 1030ff. BGB.) erreicht, für die in der Tarifstelle 44 dieses Entwurfs (vgl. die Begr. zu dieser Tarifstelle) eine Stempelabgabe von $^3/_{10}$ v. H. in Aussicht genommen ist. Es empfiehlt sich daher, die antichretischen Verträge aus der Tarifstelle 48 ganz auszuscheiden; infolgedessen müssen auch die Worte „antichretische Nutzung, Verpfänder, Antichrese,

Noch: Zu Tarifnummer 48.

Pfandinhaber, Nutzung" in Wegfall kommen. Die Überschrift der Tarifstelle wird daher zweckmäßig kurz zu lauten haben: „Pacht- und Mietverträge".

2a. Ein Abg. fragt, wie es mit den Dienstwohnungen von Beamten der Kommunalverbände, der Feuersozietäten u. dgl. stehe. Bisher würde, da hier schriftliche Verträge regelmäßig nicht vorkämen, ein Mietstempel nicht erhoben und künftig dagegen würden diese Mietverhältnisse nach seiner Ansicht wohl stempelpflichtig werden.

Ein anderer Abg. dehnte die Frage aus auf solche Fälle, in denen Privatbeamten freie Wohnung als ein Teil ihrer Besoldung gewährt werde.

Nachdem noch ein dritter Abg. seine Ansicht dahin ausgesprochen, daß in den vorerwähnten Fällen eigentliche Mietverträge überhaupt nicht abgeschlossen würden und daher auch keine Stempelpflicht eintrete, legte ein Kommissar der Finanzverwaltung dar, daß es in allen derartigen Fällen eine reine quaestio facti sei, ob der Mietstempel gezahlt werden müsse oder nicht. Für alle Dienstwohnungen der Staatsbeamten und auch für einen großen Teil der Privatbeamten und mittelbaren Staatsbeamten gewährten Wohnungen müsse die Stempelpflicht unbedingt verneint werden. Hier liege nur ein Anstellungsvertrag vor, nach welchem Gehalt und Wohnung zu gewähren seien; nicht also ein eigentlicher Mietvertrag. Werde dagegen völlig unabhängig von dem Anstellungsvertrage ein besonderer Mietvertrag verabredet, so liege die Sache anders. Solche einzelnen Fälle könnten im Gesetz nicht grundsätzlich entschieden werden.

Diesen Ausführungen schließen sich mehrere Abg. an. Einer derselben betonte, daß es für die Beurteilung der Stempelpflicht bei sogenannten Dienstwohnungen wohl vor allem darauf ankomme, ob die Anstellungsbehörde gleichzeitig die Wohnung liefere, oder ob die Wohnung anderweit zur Verfügung gestellt werde, wie dies regelmäßig bei den Landräten der Fall sei; im letzteren Falle müsse natürlich der Stempel entrichtet werden. KB. S. 54 (09).

2b. Weiter wurde bemerkt, daß es der sozialen Gerechtigkeit widerspreche, die Anmietung einer Wohnung allein einem höheren Mietstempel zu unterwerfen, während ein weit geringerer Stempel zu entrichten sei, wenn die Wohnung einen Teil einer land- oder forstwirtschaftlichen Pachtung bilde.

Ein Kommissar der Finanzverwaltung erklärt, daß es sich auch hier um eine Frage handle, die nur von Fall zu Fall entschieden werden könne. Wenn die Pachtung den Hauptgegenstand des Vertrages bilde und die Gewährung der Wohnung sich nur als Nebenleistung darstelle, würde der für Pachtverträge festgesetzte Stempel zur Hebung gelangen. Läge dagegen der Fall umgekehrt, so würde der Mietstempel entrichtet werden müssen.

Diesen Ausführungen wurde von einem Mitglied der Kommission ausdrücklich zugestimmt mit dem Hinzufügen, daß derartige Fragen nach dem allgemeinen Rechtsgrundsatz entschieden werden müßten, und daß der Hauptvertrag hier ausschlaggebend sei. KB. S. 54, 55 (09).

3. Die Beschränkung des Gegenstandes der Pacht- und Mietverträge auf unbewegliche Sachen enthält hinsichtlich der Pachtverträge eine Lücke, denn Gegenstand der Miete können nach dem BGB. allerdings nur körperliche Sachen sein (§ 535 und § 90 BGB.), dagegen bilden den Gegenstand der Pacht nicht nur Sachen, sondern auch Rechte (§ 581 BGB.). Nach der gegenwärtigen Fassung der Tarifstelle würden daher Pachtverträge über den

Noch: Zu Tarifnummer 48.

Grundstücken gleichgestellte Rechte nicht zur Versteuerung herangezogen werden dürfen. Das aber würde der Absicht des Gesetzgebers kaum entsprechen; die vorhandene Lücke ist nur eine Folge der Entstehung der Gesetzesstelle. Zur Schließung der vorhandenen Lücke ist im Abs. 1 des Entwurfs vorgeschrieben, daß auch Pachtverträge über den unbeweglichen Sachen gleichgestellte Rechte stempelpflichtig sind. Zu diesen Rechten, welche Gegenstand eines Pachtvertrages sein können, gehören Bergwerke, Kohlenabbaugerechtigkeiten und andere Rechte zur Gewinnung von Bodenbestandteilen (§ 99 Abs. 2 BGB.), z. B. über das Ausbrechen von Steinen, die Ausbeutung eines Tonlagers zur Ziegelfabrikation, die Entnahme von Sand und Kies aus Grundstücken u. dgl. Begr. S. 16 (09).

4. Die Subkommission sei sich darüber einig gewesen, daß auch der Arzt, der einen Teil seiner Wohnung als Konsultations- bzw. Wartezimmer gebrauche, ebenso wie der Rechtsanwalt hinsichtlich seiner Bureauräume Berücksichtigung erfahren müsse.

Ein lästiges Eingreifen der Steuerbehörden in die Privatverhältnisse werde nach den Erklärungen der Regierungskommissare nicht stattfinden. KB. S. 61 (09).

4a. Für die Versteuerung der Jagdpachtverträge und Jagdabschußverträge sind besondere Formulare hergestellt, denen die für die Versteuerung in Betracht kommenden Bestimmungen in der Form von Bemerkungen vorangestellt sind. Die Formulare können, sofern die Steuerpflichtigen sie nicht selbst mit der Feder anlegen wollen, von allen Hauptzoll- und Zollämtern und von den Stempelverteilern unentgeltlich bezogen werden.

Hinsichtlich der Form der Versteuerung finden die Vorschriften der Absätze 2 und 3 der Ziff. 17 der Anweisung zur Ausführung der Jagdordnung vom 15. Juli 1907 (MinBl. der Handels- und Gewerbe-Verw. S. 297) sinngemäße Anwendung; insbesondere ist zu beachten, daß es den Jagdvorstehern als Behörden auf Grund des Abs. 16 der Tarifstelle 48 I nach wie vor freisteht, die Versteuerung der von ihnen zu führenden Verzeichnisse selbst zu bewirken.

Der Gebrauch von Stempelmarken ist nur bis zu einem Betrage von nicht mehr als 300 Mk. statthaft; zu Verzeichnissen, die eines höheren Stempels bedürfen, müssen Stempelbogen verwendet werden insoweit der Betrag durch 100 teilbar ist. Zu Verzeichnissen, die einen Stempel von mehr als 1000 Mk. erfordern, sind besondere von den Hauptzollämtern auszufertigende Stempelbogen zu verwenden. (Ziff. 15 A II und Ziff. 14 A der AusfBek. vom 13. Febr. 1896.) FM. 9. 8. 09 III 10696.

5. Daß auch diejenigen Jagdpachtverträge, bei denen der Abschuß einzelner Stücke Wildes oder einzelner Wildarten verpachtet werde, der Besteuerung unterworfen werden sollten, sei gerecht. Gerade diese Art der Jagdpacht werde nur von wohlhabenden Leuten vorgenommen, und als Verpächter träten dabei auch immer nur Besitzer eigener Jagdbezirke auf, da für gemeinschaftliche Jagdbezirke ein derartiger Verpachtungsmodus sich nicht eigene. Es solle noch darauf hingewiesen werden, daß sich neuerdings in zunehmendem Maße eine Art der Verpachtung von eigenen Jagdbezirken einbürgere, wo die Verpachtung der Jagd nur ein Stück des Vertrages sei. Es würden gemischte Verträge abgeschlossen, in denen beispielsweise ein Jagdhaus

Noch: Zu Tarifnummer 48.

und die Jagd verpachtet würden, und daneben noch ein Förster als Jagdaufseher, die Bedienung im Jagdhause u. dgl. zur Verfügung gestellt würde. Würde man derartige Verträge nicht in die Tarifstelle einbeziehen, so würde der neue Jagdpachtstempel in Zukunft sehr leicht umgangen werden können. Üblich sei jetzt auch vielfach, Pension und komfortable Wohnungen auf dem Lande auszubieten unter gleichzeitiger unentgeltlicher Erteilung der Jagderlaubnis. Weiter komme es vor, daß der Inhaber eines eigenen Jagdbezirkes eine angrenzende Gemeindejagd zupachte, und beide zusammen dann wieder weiter verpachte. KB. S. 64 (09).

5a. An Stelle der bisherigen Formulare für Pacht- und Mietverzeichnisse werden neue Formulare der bezeichneten Art, die aber für Jagdpachtverträge und Jagdabschußverträge nicht zur Anwendung kommen, geliefert werden. Die noch vorhandenen alten Formulare sind nicht mehr zu verwenden. Die neuen Formulare können von allen Hauptzollämtern, Zollämtern und Stempelverteilern unentgeltlich bezogen werden, sofern die Steuerpflichtigen die Formulare nicht selbst mit der Feder anlegen wollen. FM. 9. 8. 09 III 10696.

5b. Zur Entscheidung über solche Anträge ist dasjenige Hauptzollamt zuständig, in dessen Bezirk sich die unbeweglichen Sachen (Grundstücke) und die ihnen gleichgeachteten Rechte befinden. FM. 9. 8. 09 III 10696.

6. Die Subkommission war zu der Auffassung gelangt, daß die in Rede stehenden Verpflichtungen nicht nur den gesetzlichen Vertretern, sondern auch anderen Bevollmächtigten aufzuerlegen seien. Man war sich in der Subkommission darüber klar gewesen, daß diese Verpflichtungen unter Umständen strafrechtliche Verfolgungen nach sich ziehen könnten. Regierungsseitig war aber in der Subkommission erklärt worden, daß Zahlungsverpflichtungen aus Abs. 14 nicht hergeleitet werden sollten.

In der Vollkommission erhob sich hiergegen kein Widerspruch. Nachdem der Finanzminister erneut ausgesprochen hatte, daß man sich bei der in Abs. 14 geschaffenen Verpflichtung nicht auf den gesetzlichen Vertreter beschränken könne, daß aber eine vermögensrechtliche Haftbarkeit hieraus nicht gefolgert werden solle, wurde der Antrag 21 zurückgezogen und der Abs. 10 der Regierungsvorlage unverändert angenommen. KB. S. 70 (09).

7. Die Einzelversteuerung nach Kalenderjahren in Verbindung mit dem durch § 11 des Gesetzes vorgeschriebenen Grundsatze der Abrundung auf 50 Pf. führt unter Umständen zu einer zu hohen Belastung der kurzfristigen Verträge, zumal, wenn die Vertragsdauer in mehrere Kalenderjahre fällt. Ist beispielsweise ein Vertrag über die Vermietung eines Zimmers für den 31. Dezember 1908 und den 1. Januar 1909 zu einem täglichen Zinse von 1 Mk., also zu einem Gesamtzinse von 2 Mk. abgeschlossen, so ist nach jetzigem Recht für den einen Tag des Kalenderjahres 1908 ein Stempel von 50 Pf. und ebenso für den einen Tag des Kalenderjahres 1909 ein Stempel von 50 Pf. zu zahlen, so daß die Abgabe 50 v. H. des vereinbarten Gesamtmietzinses beträgt. Die Beseitigung solcher Unbilligkeiten soll durch eine Abänderung des Abs. 6 der jetzigen Tarifstelle dahin herbeigeführt werden, daß der § 4 Buchstabe a des Gesetzes Anwendung findet. Danach tritt Steuerbefreiung nicht nur ein, wenn der Jahreszins 300 Mk. oder weniger beträgt, sondern auch dann, wenn der Jahreszins 300 Mk. überschreitet, der für die ganze

Lfd. Nr.	Gegenstand der Besteuerung	Steuersatz v. H.	Mk.	Pf.	Berechnung der Stempelabgabe
49.	**Pässe** (Paßkarten)[1] zu Reisen in der Regel .	—	3	—	
	für Handwerksburschen, Dienstboten, Lohnarbeiter und andere Personen ähnlichen Standes jedoch nur	—	1	—	
	zum Transport von Leichen wegen deren Beerdigung außer dem Kirchsprengel, worin der Todesfall sich ereignet hat.	—	5	—	
	bei nachgewiesener Bedürftigkeit kann der Stempel bis auf . . . . ermäßigt werden.	—	1	50	
	Vgl. die Anm. zu der bish. Tarifstelle 49 auf S. 216 u. 217 dieses Buches				

Noch: Zu Tarifnummer 48.

Vertragsdauer zu zahlende Gesamtzins aber 150 Mk. nicht übersteigt. Begr. S. 17 (09).

8. Der Abs. 21, der vorschreibt, daß die durch Briefwechsel zustande gekommenen Verträge wie förmliche schriftliche Verträge zu behandeln sind, ist dahin erweitert, daß diese Bestimmung auch auf Verträge Anwendung zu finden hat, die durch den Austausch sonstiger schriftlicher Mitteilungen zustande gekommen sind. Hierunter sind alle nicht in Briefform gekleideten schriftlichen gegenseitigen Willensäußerungen zu verstehen, welche zum Austausch bestimmt sind, z. B. Telegramme. Der Abs. 21 ist dadurch in Übereinstimmung gebracht mit dem die steuerliche Behandlung der Briefwechselverträge allgemein regelnden Abs. 3 des § 1 des Gesetzes. Begr. S. 17 (09).

9. Die Tarifstelle hat eine allgemeinere Fassung erhalten als die gegenwärtige Tarifstelle 48 b, mit deren Inhalt sie sich im wesentlichen deckt. Sie hat hauptsächlich die Besteuerung der Mietverträge über bewegliche Sachen zum Gegenstande, z. B. Möbelleihverträge, Verträge über das Recht zum Anbringen von Geschäftsanzeigen in Straßenbahn- oder Eisenbahnwagen u. dgl.; die Tarifstelle kann sich aber auch auf die Nutzung von Rechten beziehen, z. B. auf die nicht ausschließliche oder zeitliche Ausnutzung von Patenten (sogenannte Lizenzverträge). Begr. S. 17, 18 (09).

10. Die auf die Lebenszeit der Vertragsparteien geschlossenen Verträge können nach gegenwärtigem Recht nur unter Zugrundelegung des Zinses für eine einjährige Dauer versteuert werden, da der Sonderbestimmung des Abs. 2 der Tarifstelle 48 b gegenüber die allgemeine Regel des Abs. 10 des § 6 des Gesetzes zurücktreten muß. Begr. S. 18 (09).

Zu Tarifnummer 49.

1. Nach § 8 des Gesetzes über das Paßwesen vom 12. Okt. 1867 (BGBl. S. 33) dürfen für Pässe und sonstige Reisepapiere an Stempelabgaben und Ausfertigungsgebühren nicht mehr als höchstens 3 Mk. erhoben werden. Nachdem der Steuersatz für Pässe von 1,50 Mk. auf 3 Mk. erhöht ist, kommt

Lfd. Nr.	Gegenstand der Besteuerung	Steuersatz v. H.	Mk.	Pf.	Berechnung der Stempelabgabe
50.	**Policen,** s. Versicherungsverträge.				
51.	(1) **Polizeistunde,** Genehmigungen der Verlängerung der Polizeistunde für einzelne Wirtshäuser und öffentliche Vergnügungsorte[1]	—	25	—	
	(2) Genehmigungen auf die Dauer von weniger als einer Woche	—	1	50	
52.	**Proteste,** Wechselproteste und Proteste anderer Art, wenn der Wert des Gegenstandes beträgt				
	mehr als 150 Mark, aber nicht mehr als 1000 Mark	—	1	50	
	mehr als 1000 Mark	—	3	—	
53.	(1) **Protokolle,** auch von den Parteien nicht unterschriebene, welche in Privatangelegenheiten von Behörden und Beamten aufgenommen sind und die Stelle einer im gegenwärtigen Tarife besteuerten Verhandlung vertreten, wie diese, mindestens aber	—	3	—	
	(2) Protokolle, welche nicht die Stelle einer im Tarife besteuerten Verhandlung vertreten, sind stempelfrei.				
	(3) Bei Protokollen, welche von Notaren aufgenommen sind, kommt die Tarifstelle „Notariatsurkunden" zur Anwendung.				
54.	(1) **Punktationen** über einen zu errichtenden Vertrag, welche die Kraft eines Vertrages haben und demnach eine Klage auf Erfüllung begründen, sind wie Verträge über denselben Gegenstand und zwar auch dann zu versteuern, wenn darin die Aufnahme einer förmlichen Vertragsurkunde vorbehalten ist.				

Noch: Zu Tarifnummer 49.

die Erhebung einer Ausfertigungsgebühr (Allg. Erl. vom 10. Dez. 1857 MBl. S. 203 zu B, vom 30. Dez. 1867 MBl. S. 4 von 68 und vom 21. Mai 1896 FM. III 6347) insoweit in Wegfall, als der Stempel von 3 Mk. zum Ansatz gelangt. FM. 9. 8. 09 III 10696.

Zu Tarifnummer 51.

1. Die Genehmigungen dürfen nur **schriftlich** erteilt werden und sind von der ausfertigenden Behörde durch Entwertung von Stempelmarken zu versteuern $\frac{\text{M. d. J. Ib 1164}}{\text{M. d. F. III 10809}}$ v. 10. 7. 09.

Lfd. Nr.	Gegenstand der Besteuerung	Steuersatz v. H.	Mk.	Pf.	Berechnung der Stempelabgabe
(54.)	(2) Zu einer Vertragsurkunde, welche auf Grund einer mit dem Wertstempel belegten Punktation demnächst aufgenommen wird und im wesentlichen denselben Inhalt hat wie diese, kommt der zur Punktation verwendete Wertstempel in Anrechnung. *Allg. V. § 9 Abs. 3.* *Vgl. die Anm. zu den bish. Tarifstellen 53 u. 54 auf S. 218 dieses Buches.*				
55.	**Registraturen,** wenn sie die Stelle der Protokolle vertreten, wie diese[1].				
56.	Fällt aus[1]. *Allg. V. § 21.*				
57.	**Schiedssprüche,** und zwar sowohl der ständigen Schiedsgerichte, als auch der zur Entscheidung für den einzelnen Fall berufenen Schiedsrichter	1/10	—	—	des Wertes des Streitgegenstandes,
	jedoch mindestens	—	2	—	
	höchstens	—	100	—	
	ist der Wert des Streitgegenstandes unschätzbar	—	10	—	
	Vgl. die Anm. zu der bish. Tarifstelle 57 auf S. 220 u. 221 dieses Buches.				

Zu Tarifnummer 55.

1. Die Tarifstelle 55 „Registraturen" sei jetzt beinahe völlig obsolet geworden. Diese Tarifstelle habe Anwendung gefunden im gemeinen Recht, und nachdem dieses im BGB. aufgegangen sei, habe diese Tarifstelle beinahe gar keine Bedeutung mehr. KB. S. 82 (09).

Zu Tarifnummer 56.

1. Seitens der Staatsregierung findet sich gegen die Streichung der Tarifstelle 56 nichts einzuwenden; das Einverständnis erfolgt aber unter der Voraussetzung, daß die Tarifstelle bezüglich derjenigen Fälle bestehen bleibt, in denen der Erwerb einer Zuwendung bereits vor dem Inkrafttreten des Reichserbschaftssteuergesetzes vom 3. Juni 1906 (1. Juli 1906) begründet worden ist (vgl. § 61 dieses Gesetzes). Es gehören hierher insbesondere die aufschiebend bedingten Schenkungen, die vor dem 1. Juli 1906 beurkundet sind, bei denen die Erfüllung der Bedingung aber erst nach diesem Zeitpunkt eingetreten ist. Namentlich unterliegen deshalb die in der Praxis nicht selten vorkommenden Schenkungen nach wie vor der Tarifstelle 56, die vor dem 1. Juli 1906 verlautbart sind, bei denen der Schenker aber sich oder einem andern den Nießbrauch vorbehalten hat und infolgedessen die Substanz dem Beschenkten erst nach dem 1. Juli 1906 anfällt. KB. S. 83 (09).

Lfd. Nr.	Gegenstand der Besteuerung	Steuersatz v. H.	Mk.	Pf.	Berechnung der Stempelabgabe
58.	**Schuldverschreibungen.**				
	I. (1) Schuldverschreibungen, hypothekarische und persönliche aller Art, insoweit es sich nicht um der Reichsstempelabgabe unterworfene Wertpapiere handelt	$^1/_{12}$	—	—	des Kapitalbetrages der Schuldverschreibung.
	Urkunden, in denen der Betrag der verschriebenen Schuld nur dem Höchstbetrage nach bestimmt ist, sind dem Stempel dieser Tarifstelle nicht unterworfen.[1]				
	(2) Ermäßigungen:				
	a) Schuldverschreibungen über Kaufgelder, Erbgelder oder sonstige Forderungen aus zweiseitigen Verträgen, falls diese Verträge gehörig versteuert sind und alle wesentlichen Bedingungen des Schuldverhältnisses enthalten, wie Nebenausfertigungen derselben (vgl. die Tarifstelle „Duplikate");				
	b) (1) Schuldverschreibungen über Darlehen, welche innerhalb Jahresfrist oder in einem kürzeren Zeitraume zurückzuzahlen sind . .	$^1/_{50}$	—	—	der dargeliehenen Summe in Abstufungen von 20 Pf. für je 1000 Mark oder einen Bruchteil dieses Betrages;
	(2) So oft die Rückzahlungsfrist durch schriftliche Verabredungen über die Verlängerung der Darlehen oder durch Ausstellung neuer Schuldverschreibungen bis zu einem Zeitraume von einem Jahre erweitert wird, je	$^1/_{50}$	—	—	wie vor,
	(3) jedoch für die ursprüngliche Verschreibung und sämtliche Verlängerungen nicht mehr wie	$^1/_{12}$	—	—	der dargeliehenen Summe;
	(4) Beurkundungen der Verlängerung der Rückzahlungsfrist über den Zeitraum von einem Jahre hinaus	$^1/_{12}$	—	—	wie vor,
	(5) jedoch unter Anrechnung der für die Beurkundungen der ursprünglichen Verschreibung und der früheren Verlängerungen bereits entrichteten Stempel.				
	(6) Die Vorschriften der vorhergehenden Absätze finden entsprechende Anwendung auf nicht oder in nicht stempelpflichtiger Form beurkundete, tatsächlich eintretende Erweiterungen und Verlängerungen der Rückzahlungsfrist mit der Maßgabe, daß die Frist je für den Zeitraum eines Jahres als verlängert gilt, falls nicht erweislich				

Lfd. Nr.	Gegenstand der Besteuerung	Steuersatz v. H.	Steuersatz Mk.	Steuersatz Pf.	Berechnung der Stempelabgabe
(58.)	ein längerer Zeitraum verabredet ist. Die Stempel, die in diesen Fällen nachträglich erforderlich werden, sind zu der ursprünglichen Urkunde binnen zwei Wochen nach dem Eintritte der Verlängerung zu verwenden. (7) Die Anrechnung der früher gezahlten Stempel ist bei schriftlichen Verlängerungen nur zulässig, wenn auf den Schriftstücken über die Verlängerung vom Aussteller vermerkt ist, zu welchen Urkunden und zu welchen Beträgen die früher gezahlten Stempel verwendet sind. (3) Befreiungen: a) Beurkundungen über die Verlängerung der Rückzahlungsfrist, wenn es sich um Schuldverschreibungen handelt, die mit einem Zwölftel vom Hundert des Kapitalbetrages bereits versteuert sind; b) Beurkundungen von zinsbaren Darlehen, welche gegen spezielle Verpfändung oder Hinterlegung von edlen Metallen, Waren, Wechseln oder Wertpapieren gegeben werden (Lombarddarlehen) und innerhalb Jahresfrist oder in einem kürzeren Zeitraume zurückzuzahlen sind, vorausgesetzt, daß der Wert des hinterlegten Pfandes dem gewährten Darlehen mindestens gleichkommt; c) Sparkassenbücher und Bescheinigungen über einzelne Einlagen seitens öffentlicher und solcher Sparkassen, welche gemeinnützige Zwecke verfolgen, insbesondere solcher, welche die Gewinnverteilung ausgeschlossen haben, sowie der Sparkassen derjenigen eingetragenen Erwerbs- und Wirtschaftsgenossenschaften (Reichsgesetz vom 1. Mai 1889, Reichs-Gesetzbl. S. 55), welche die Förderung des genossenschaftlichen Personalkredits bezwecken; d) für Kommunalverbände, Kommunen oder Korporationen ländlicher oder städtischer Grundbesitzer oder Grundkredit- und Hypo-				

Lfd. Nr.	Gegenstand der Besteuerung	Steuersatz v. H.	Mk.	Pf.	Berechnung der Stempelabgabe
(58.)	thekenbanken ausgestellte Schuldverschreibungen, auf Grund deren reichsstempelpflichtige Renten- und Schuldverschreibungen demnächst ausgereicht werden; *Allg. V. § 10 Abs. 3.*				
	e) Briefe oder sonstige schriftliche Mitteilungen im bankgeschäftlichen Verkehr über die Ausleihung von Geldern auf feste Termine oder auf Kündigung mit oder ohne Frist.[2])				
	II. (1) Kaufmännische, nicht auf Ordre ausgestellte Verpflichtungsscheine über Leistungen von Geld	1/50	—	—	des Kapitalbetrages der Scheine in Abstufungen von 20 Pf. für je 1000 Mark oder einen Bruchteil dieses Betrages.
	(2) Die Befreiung zu I unter e findet Anwendung.				
	(3) Für die Verlängerung der Rückzahlungsfrist gelten die Bestimmungen zu I unter Ermäßigungen zu b und Befreiungen zu a und e.				
	III. (1) Der Antrag auf Eintragung einer Hypothek oder Grundschuld oder einer wiederkehrenden Geldleistung im Grundbuch oder in einem für solche Eintragungen bestimmten öffentlichen Buche	1/12	—	—	der einzutragenden Summe oder des Kapitalwertes der Geldleistung oder des Betrages der Ablösungssumme bei Rentenschulden;
	Allg. V. § 1 Abs. 1 Lit. b und § 2 Abs. 1 Lit. b, § 19.				
	sowie der Antrag auf Eintragung der Verpfändung einer Hypothek oder Grundschuld oder einer wiederkehrenden Geldleistung durch den eingetragenen Gläubiger in Büchern der bezeichneten Art	1/12	—	—	der Summe, für welche die Post verpfändet wird, wenn diese Summe geringer ist als die Summe oder der Kapitalwert oder die Ablösungssumme der verpfändeten Post, sonst der letzteren Summe oder des Kapitalwertes oder der Ablösungssumme.
	Allg. V. § 1 Abs. 1 Lit. b, § 2 Abs. 1 Lit. b, § 19.				
	(2) Die Vorschriften der Tarifstelle „Abtretung von Rechten" fünfter bis einschließlich achter Absatz finden sinngemäße Anwendung.				
	Allg. V. § 9 Abs. 2 Lit. a.				
	(3) Die Abgabe wird bei einem Antrag auf Eintragung einer Hypothek für die Ansprüche aus Anleihe-Teilschuldverschreibungen nicht erhoben, wenn dem Grundbuchamt innerhalb einer Frist von einem Monat eine Bescheinigung der Zollbehörde darüber				

Lfd. Nr.	Gegenstand der Besteuerung	Steuersatz v. H.	Mk.	Pf.	Berechnung der Stempelabgabe
(58.)	vorgelegt wird, daß die durch § 3 des Reichsstempelgesetzes vorgeschriebene vorläufige Anmeldung der Versteuerung erfolgt ist, sofern innerhalb dreier Monate vom Tage der Vorlegung dieser Bescheinigung auf einem als beglaubigte Abschrift herzustellenden Formulare der Teilschuldverschreibungen seitens der zuständigen Steuerabstempelungsstelle die Vorlegung und die nach dem Reichsstempelgesetz erfolgte Versteuerung der sämtlichen, die Hypothek erschöpfenden Teilschuldverschreibungen bescheinigt ist und dem Grundbuchamte die Bescheinigung der Zollbehörde binnen weiterer vier Wochen vorgelegt wird. *Allg. V. § 19 Abs. 2.* *Vgl. die Anm. der bish. Tarifstelle 58 auf S. 224—239 dieses Buches.*				
59.	(1) **Sicherstellung von Rechten,** Beurkundungen darüber, wenn der Wert der sichergestellten Rechte				
	600 Mark nicht übersteigt	—	—	50	
	1 200 „ „ „	—	1	—	
	10 000 „ „ „	—	1	50	
	bei einem höheren Betrage	—	5	—	
	(2) Auf Höchstbetragshypotheken im Sinne des § 1190 des Bürgerlichen Gesetzbuchs				

Zu Tarifnummer 58.

1a. Die Judikatur sei fiskalischer gewesen als die Stempelsteuerverwaltung, indem sie dahin entschieden habe, daß die sogenannten Kautionsinstrumente, namentlich die Höchstbetragshypotheken, mit dem höheren Stempel der Schuldverschreibungen zu besteuern seien. Dem habe sich die Stempelsteuerverwaltung nicht angeschlossen, sondern nach wie vor den niedrigeren Stempel der Tarifstelle 59 verwenden lassen.

Der Berichterstatter wies darauf hin, daß es sich bei dem Antrag 60 nicht nur um Kautionshypotheken, sondern auch mit als Hauptfall um Urkunden handle, die zur Erlangung von Kredit beispielsweise bei Genossenschaften hinterlegt sind. KB. S. 84 (09).

1b. Urkunden über Höchstbetraghypotheken sind auch für die Vergangenheit nach Tarifstelle 59 zu versteuern. FM. 3. 7. 09 III 2599.

2. Es handle sich hier um die sogenannten Ultimogelder, Gelder, die auf kurze Frist gegeben würden. Bei solchen Geschäften sei ein Schuldverschreibungsstempel nicht am Platze. KB. S. 84 (09).

Lfd. Nr.	Gegenstand der Besteuerung.	Steuersatz v. H.	Mk.	Pf.	Berechnung der Stempelabgabe
(59.)	finden die vorstehenden Steuersätze gleichfalls Anwendung.				
	(3) Der Stempel darf in keinem Falle den für die Beurkundung des sicherzustellenden Rechtes zur Erhebung gelangenden Stempel übersteigen.				
	(4) Ist der Wert der sichergestellten Rechte nicht schätzbar	—	1	50	
	(5) Befreit sind:				
	a) Urkunden über Dienstkautionen der Beamten öffentlicher Behörden;				
	b) in Schuldverschreibungen zur Sicherheit der Schuldverpflichtung vom Schuldner abgegebene Erklärungen;				
	c) Urkunden über Sicherstellungen der Vormünder (§ 58 der Vormundschaftsordnung vom 5. Juli 1875, Gesetzsamml. S. 431).				
	Vgl. die Anm. zu der bish. Tarifstelle 59 auf S. 239–246 dieses Buches.				
60.	**Standeserhöhungen und Gnadenerweise, landesherrliche.**				
	a) (1) Standeserhöhungen				
	für die Verleihung der Herzogswürde . .	—	10000	—	
	" " " " Fürstenwürde . .	—	6000	—	
	" " " " Grafenwürde . .	—	3600	—	
	" " " " Freiherrnwürde .	—	2400	—	
	" " " des Adels	—	1200	—	
	(2) Wenn in obigen Verleihungen mehrere Seitenverwandte mit aufgenommen werden, so wird für jeden Seitenverwandten die volle Taxe besonders erhoben.				
	(3) Die vorstehend festgesetzten Beträge werden auch erhoben, wenn eine Standeserhöhung aus Anlaß oder bei Gelegenheit einer Adoption oder Legitimation stattfindet.				
	(4) Für Anerkennung und Bestätigung einer von einem auswärtigen Fürsten verliehenen Standeserhöhung eines Inländers werden die obigen Sätze erhoben.				
	(5) Für die Verleihung des preußischen Adels an einen ausländischen Adligen kommt die Hälfte des für die Verleihung				

Lfd. Nr.	Gegenstand der Besteuerung	Steuersatz v. H.	Mk.	Pf.	Berechnung der Stempelabgabe
60.)	der betreffenden Adelsstufe vorgeschriebenen Stempels in Ansatz. (6) Für sonstige nachträgliche Änderungen oder Ergänzungen der bezüglich einer Standeserhöhung getroffenen Bestimmungen wird, sofern keine anderen Vorschriften Anwendung finden, ein Fünftel des Steuersatzes für die betreffende Standeserhöhung in Ansatz gebracht;				
	b) (1) Wappenvermehrungen und Wappenänderungen ein Achtel der Sätze zu a. (2) Erfolgt die Wappenvermehrung und Wappenänderung in Verbindung mit einer Standeserhöhung, so kommt außerdem der für letztere vorgesehene Stempelbetrag zur Erhebung;				
	c) Erhebung eines Inbegriffs von Gütern zu einer Standesherrschaft, einem Herzogtum oder Fürstentume	—	12000	—	
	d) Verleihung des Patents				
	für einen Kammerjunker	—	800	—	
	„ „ Kammerherrn	—	2400	—	
	sofern letzterer vorher Kammerjunker war	—	1600	—	
	e) für die Verleihung von Titeln an Privatpersonen				
	Geheimer Kommerzienrat	—	5000	—	
	Kommerzienrat	—	3000	—	
	Geheimer Kommissionsrat	—	1000	—	
	Kommissionsrat	—	500	—	
	im übrigen	—	300	—	
	Vgl. die Anm. zu der bish. Tarifstelle 60 auf S. 247—248 dieses Buches.				
61.	**Statuten** von Gesellschaften, Vereinen usw., s. Gesellschaftsverträge Buchstaben e.				
62.	**Strafbescheide** der Finanzbehörden, sofern die Strafe, einschließlich des Wertes der eingezogenen Gegenstände, 15 Mark übersteigt *Allg. V. § 24 Abs. 2.*	—	1	50	
63.	**Tauschverträge,** s. Kaufverträge.				
64.	**Taxen von Grundstücken,** insofern sie wegen eines Privatinteresses unter Aufsicht einer öffentlichen Behörde aufgenommen werden *Allg. V. § 2 Abs. 1 Lit. b.*	—	3	—	

Lfd. Nr.	Gegenstand der Besteuerung	Steuersatz v. H.	Mk.	Pf.	Berechnung der Stempelabgabe
65.	**Testamente,** s. Verfügungen von Todes wegen.				
66.	**Verfügungen von Todes wegen,** einschließlich der Erbverträge sowie der im § 2301 Abs. 1 des Bürgerlichen Gesetzbuchs bezeichneten Schenkungsversprechen, Schuldversprechen oder Schuldanerkenntnisse:				
	1. (1) wenn der Wert des Gegenstandes beträgt:				
	nicht mehr als 1000 Mark	—	3	—	
	mehr als 1000 Mark, aber nicht mehr als 10000 Mark	—	5	—	
	mehr als 10000 Mark, aber nicht mehr als 20000 Mark	—	10	—	
	mehr als 20000 Mark, aber nicht mehr als 50000 Mark	—	15	—	
	mehr als 50000 Mark, aber nicht mehr als 200000 Mark	—	20	—	
	mehr als 200000 Mark, aber nicht mehr als 300000 Mark	—	30	—	
	mehr als 300000 Mark, aber nicht mehr als 500000 Mark	—	40	—	
	mehr als 500000 Mark.	—	50	—	
	(2) Für die Stempelberechnung bei einer gemeinschaftlichen Verfügung ist der Gesamtbetrag des Wertes beider Verfügungen maßgebend.				
	(3) Für die Wertberechnung ist der Zeitpunkt der Fälligkeit der Stempelsteuer maßgebend.[1] Soweit die Stempelverwendung unter amtlicher Überwachung stattfindet, sind der Wertberechnung die Angaben des Steuerpflichtigen zu Grunde zu legen. Die Vorschriften des § 7 dieses Gesetzes finden vor Eröffnung der Verfügung keine Anwendung;				
	2. wenn die Verfügungen von Todes wegen lediglich Anordnungen nicht vermögensrechtlicher Art, Nachträge, Ergänzungen und Erläuterungen zu letztwilligen Verfügungen enthalten	—	3	—	
	Allg. V. § 1 Abs. 2, § 2 Abs. 1 Lit. c u. § 6 Abs. 5.				

Lfd. Nr.	Gegenstand der Besteuerung	Steuersatz v. H.	Mk.	Pf.	Berechnung der Stempelabgabe
(66.)	**Befreiungen:** 1. Verträge und Erklärungen aller Art, die lediglich den Widerruf, die Zurücknahme oder die Aufhebung einer Verfügung von Todes wegen oder einzelner in solchen Verfügungen enthaltenen Anordnungen betreffen; 2. die im § 2249, § 2250 oder § 2251 des Bürgerlichen Gesetzbuchs und im § 44 des Reichsmilitärgesetzes bezeichneten Testamente. *Vgl. die Anm. zu der bish. Tarifstelle 66 auf S. 249—251 dieses Buches.*				
67.	(1) **Vergleiche** . . . . (2) Ist jedoch durch den Vergleich ein unter den Parteien bisher nicht in stempelpflichtiger Form zustande gekommenes Rechtsgeschäft anerkannt oder im wesentlichen aufrecht erhalten oder ein anderweites Rechtsgeschäft neu begründet worden, so ist zu dem Vergleiche, wenn diese Geschäfte nach dem gegenwärtigen Tarif einem höheren als dem für Vergleiche verordneten Stempel unterworfen sind, dieser höhere Stempel zu verwenden. (3) Befreit sind die von Schiedsmännern und Gewerbegerichten aufgenommenen Vergleiche, sofern nicht die Voraussetzungen des vorhergehenden Absatzes Anwendung finden. *Vgl. die Anm. zu der bish. Tarifstelle 67 auf S. 251 u. 252 dieses Buches.*	—	3	—	

Zu Tarifnummer 66.

1. Es sind Zweifel darüber aufgetaucht, in welchem Momente für die privatschriftlichen Testamente die Stempelsteuerpflicht eintritt, ob mit dem Moment der Errichtung oder mit dem Moment der gerichtlichen Eröffnung. Ich für meine Person halte es für ganz zweifellos, daß nach den bestehenden gesetzlichen Bestimmungen der erste Moment maßgebend ist. Hier entgegnete ein Regierungskommissar, daß die privatschriftlichen Testamente ebenso wie die gerichtlichen oder die notariellen Testamente gleich nach der Errichtung zu versteuern sind. Er hebe hervor, daß sich in strafrechtlicher Beziehung dadurch keine Unzuträglichkeiten für die Testatoren ergeben werden. Es werde streng darauf gehalten, daß in keinem Fall das Strafverfahren eingeleitet wird. Drucks. 09 AbgH. S. 7092.

Lfd. Nr.	Gegenstand der Besteuerung	Steuersatz v. H.	Mk.	Pf.	Berechnung der Stempelabgabe
68.	(1) **Verleihungen des Bergwerkseigentums,** Urkunden darüber (§§ 22ff. des Allgemeinen Berggesetzes für die Preußischen Staaten vom 24. Juni 1865 — Gesetzsamml. S. 705 —)	—	500	—	
	(2) Bei geringerem Werte des Bergwerkseigentums kann der Stempel bis auf 100 Mark ermäßigt werden.				
69.	**Verpflichtungsscheine,** kaufmännische, siehe Schuldverschreibungen II.				
70.	(1) **Versicherungsverträge,** auch in der Form von Policen und deren Verlängerungen, wenn sie betreffen:				
	a) (1) Lebens- und Rentenversicherungen, einschließlich der Versicherungen auf den Lebensfall (Altersversorgung, Aussteuer, Militärdienst und dergleichen), ...	$^1/_{20}$	—	—	der versicherten Summe in Abstufungen von 10 Pf. für je 200 Mark oder einen Bruchteil dieses Betrages.
	(2) Bei Rentenversicherungen wird der Kaufpreis und in Ermangelung eines solchen der zehnfache Betrag der Rente als Versicherungssumme angesehen.				
	(3) Werden bei Versicherungen gleicher Art von demselben Versicherer mehrere Urkunden für dieselbe Person ausgestellt, so berechnet sich die Stempelabgabe nach dem Gesamtbetrage der versicherten Summe.				
	(4) Befreit sind Versicherungen, bei welchen die versicherte Summe den Betrag von 3000 Mark nicht übersteigt;				
	b) (1) Unfall- und Haftpflichtversicherungen	$^1/_2$	—	—	des Gesamtbetrages der verabredeten Prämien in Abstufungen v. 10 Pf. für je 20 Mk. oder einen Bruchteil dieses Betrages.
	(2) Befreit sind Versicherungen, bei denen die verabredeten Jahresprämien den Betrag von 40 Mark nicht übersteigen;				
	c) (1) Versicherungen gegen andere Gefahren (Feuer-, Hagel-, Viehversicherungen usw.) für jedes Jahr der Versicherungsdauer	$^1/_{1000}$	—	—	d. i. 1 Pf. von 1000 Mark der versicherten Summe in Abstufungen von 10 Pf. für je 10 000 Mark oder einen Bruchteil dieses Betrages.
	(2) Jeder Bruchteil eines Versicherungsjahres kommt bei der Versteuerung als ein volles Jahr in Betracht.				

Lfd. Nr.	Gegenstand der Besteuerung	Steuersatz v. H.	Steuersatz Mk.	Steuersatz Pf.	Berechnung der Stempelabgabe
(70.)	(3) Ist im Versicherungsvertrage bestimmt, daß die Versicherung, falls keine Kündigung erfolgt, sich für einen ferneren Zeitraum verlängert, so ist für die auf diese Weise eintretenden tatsächlichen Verlängerungen ebenfalls der in dieser Tarifstelle vorgeschriebene Stempel zu verwenden.[1. 1a. b] Die Stempel, die in diesen Fällen nachträglich erforderlich werden, sind zu der ursprünglichen Urkunde oder einer Urkunde über Verlängerung des Versicherungsvertrages binnen zwei Wochen nach dem Eintritte der Verlängerung zu verwenden. Der Finanzminister ist ermächtigt, hinsichtlich der vor dem Inkrafttreten dieses Gesetzes errichteten Versicherungsverträge und Policen eine Fristverlängerung[1c] eintreten zu lassen. (4) Die den öffentlichen Feuerversicherungsanstalten reglementsmäßig zustehenden Stempelsteuerprivilegien finden Anwendung auf alle Schriftstücke, welche sich auf den Eintritt der Versicherungsnehmer in diese Anstalten oder spätere Abänderungen der Versicherungen beziehen. (5) Befreit sind: 1. Versicherungen, bei welchen die versicherte Summe den Betrag von 3000 Mark nicht übersteigt; 2. Versicherungen bei den auf Gegenseitigkeit gegründeten und nicht die Erzielung von Gewinn bezweckenden Versicherungsanstalten, deren Versicherungsbeträge durch Umlage erhoben werden und deren Geschäftsbetrieb über den Umfang einer Provinz nicht hinausgeht. (2) Befreit sind Verträge über Rückversicherungen und Transportversicherungen. (3) Anmerkung. Für die im Ausland errichteten Urkunden[2] dieser Tarifstelle ist die Stempelsteuer, und zwar vor der Aushändigung der Urkunden				

Lfd. Nr.	Gegenstand der Besteuerung	Steuersatz v. H.	Mk.	Pf.	Berechnung der Stempelabgabe
(70.)	an die Versicherungsnehmer, auch dann zu entrichten, wenn in den Fällen der Tarifstelle 70a und b der Versicherungsnehmer im Inlande wohnt und in den Fällen der Tarifstelle 70c die versicherten Gegenstände sich im Inlande befinden. *Vgl. die Anm. zu der bish. Tarifstelle 70 auf S. 255—261 dieses Buches.*				

Zu Tarifnummer 70.

1. Nach § 8 des Gesetzes über den Versicherungsvertrag vom 30. Mai 1908 (RGBl. S. 263) sind tatsächliche oder stillschweigende Verlängerungen eines Versicherungsverhältnisses insoweit nichtig und deshalb auch nicht stempelpflichtig, als sich die jedesmalige Verlängerung auf mehr als ein Jahr erstrecken soll. FM. 9. 8. 09. III 10696.

1a. Es bemerkte ein Abg., daß Zweifel darüber entstanden seien, ob die Bestimmung über die Besteuerung der Prolongationen auch die öffentlichen Feuerversicherungsanstalten treffe. Er nehme dies nicht an, weil im Abs. 3 ja die Privilegien der öffentlichen Feuerversicherungsanstalten aufrechterhalten seien. Indessen halte er eine authentische Aufklärung der Angelegenheit für nötig.

Ein Kommissar der Finanzverwaltung antwortete, die Ansicht des Vorredners sei durchaus zutreffend. Es könne keinem Bedenken unterliegen, daß die Prolongationen der öffentlichen Feuersozietäten nicht stempelpflichtig seien. Die Sozietäten hätten ganz allgemein das Privilegium der Steuerfreiheit; es stehe ihnen folgerichtig auch zu für alle Prolongationen von Verträgen. KB. S. 93 (09).

1b. Die Oberzolldirektionen haben sämtlichen öffentlichen Feuerversicherungsanstalten die Versteuerung im Wege der Abfindung für die tatsächlichen Verlängerungen auf Antrag zu gestatten. Sind Versicherungsgesellschaften zur Aversionalversteuerung bereits hinsichtlich der ursprünglichen Versicherungsurkunden verstattet, so erstreckt sich die Genehmigung ohne weiteres auf die tatsächlichen Verlängerungen.

Bei Einzelversteuerung kann der Stempel zu der ursprünglichen Urkunde oder zu den Prämienquittungen oder zu besonders über die Verlängerung des Versicherungsvertrages zu errichtenden Urkunden beigebracht werden. Solche besonderen Urkunden können auch in der Form von Nachweisungen ausgestellt werden. In die Nachweisung sind sämtliche stempelpflichtigen Verlängerungen binnen zwei Wochen nach Eintritt der Stempelpflichtigkeit unter Angabe der Nummern der Versicherungsscheine (Policen) und der Versicherungsdauer einzutragen, auch ist bei jeder Verlängerung der fällige Stempel zu vermerken. Die Verwendung der Stempelmarken kann in gewissen Zeitabschnitten — etwa alle zwei Wochen — unter Zusammenrechnung der einzelnen Stempelbeträge erfolgen; die Richtigkeit der Eintragungen ist in der Nachweisung vierteljährlich vom

Lfd. Nr.	Gegenstand der Besteuerung	Steuersatz v. H.	Mk.	Pf.	Berechnung der Stempelabgabe
71.	**Verträge,**				
	1. (1) durch welche ein früherer stempelpflichtiger Vertrag lediglich aufgehoben wird .	—	3	—	
	(2) Wenn jedoch die Verabredung über die Aufhebung oder Beseitigung des früheren Vertrages sich als eine in diesem Tarife besonders aufgeführte Verhandlung darstellt, so kommt derjenige Steuersatz zur Anwendung, welchem die Verabredung nach den Vorschriften dieses Tarifs unterliegt.				
	(3) In besonderen Fällen kann der zu entrichtende Wertstempel aus Billigkeitsrücksichten bis auf $^1/_{20}$ ermäßigt werden;[1] *Allg. V. § 9 Abs. 1 u. Abs. 2 Lit. b.*				
	2. (1) über sonstige vermögensrechtliche Gegenstände, wenn keine andere Tarifstelle zur Anwendung kommt	—	3	—	
	sind die Verträge nur Nebenverträge eines Hauptvertrages und werden sie mit diesem zusammen in einer Urkunde beurkundet .	—	1	50	
	jedoch nicht über den zu dem Hauptvertrage selbst erforderlichen Stempel hinaus.				
	(2) Ein auf unbestimmte Zeit oder auf Kündigung abgeschlossener Vertrag gilt in betreff der Stempelpflichtigkeit als ein auf ein Jahr abgeschlossener. *Allg. V. § 12 Abs. 2.*				

Noch: Zu Tarifnummer 70.

Versicherungsunternehmer oder seinem Vertreter zu bescheinigen. FM. 15. 7. 09 III 9909 und 9. 8. 09 III 10696.

1c. Diese Ermächtigung ist auf die Oberzolldirektionen seitens des Finanzministers übertragen. FM. 15. 7. 09 III 9909 und 9. 8. 09 III 10696.

2. Zum Schutze der inländischen Versicherungsgesellschaften und um der preußischen Staatskasse diejenigen Policenstempel wieder zuzuführen, die ihr vor dem Inkrafttreten des Reichsgesetzes vom 12. Mai 1901 zugestanden hatten, ist der Tarifstelle in einer Anmerkung eine Vorschrift eingefügt, wonach die vorbezeichneten im Stempelausland errichteten Versicherungsurkunden der preußischen Stempelsteuer unterworfen werden. Begr. S. 19 (09).

Zu Tarifnummer 71.

1. Nunmehr ist von dem Finanzminister die Ermäßigungsbefugnis auf die Oberzolldirektionen übertragen (vgl. Begr. S. 19 (09)). FM. 5. 7. 09 III 10959.

Lfd. Nr.	Gegenstand der Besteuerung	Steuersatz v. H.	Mk.	Pf.	Berechnung der Stempelabgabe
71).	(3) Befreiungen:				
	a) Lehrverträge;				
	b) Verträge, durch welche Arbeits- und Dienstleistungen auf bestimmte oder unbestimmte Zeit gegen zu gewissen Zeiten wiederkehrendes Entgelt (Lohn, Gehalt und dergleichen) versprochen werden, wenn der Jahresbetrag der Gegenleistung 1500 Mark nicht übersteigt.				
	Vgl. die Anm. zu der bish. Tarifstelle 71 auf S. 262—269 dieses Buches.				
72.	**Vokationen** der Geistlichen und Schullehrer, wie Bestallungen, s. diese.				
73.	(1) **Vollmachten, Ermächtigungen und Aufträge** zur Vornahme von Geschäften rechtlicher Natur für den Vollmachtgeber, wenn der Wert des Gegenstandes der Vollmacht				
	500 Mark nicht übersteigt	—	—	50	
	1 000 " " "	—	1	—	
	3 000 " " "	—	1	50	
	6 000 " " "	—	3	—	
	10 000 " " "	—	5	—	
	15 000 " " "	—	7	50	
	bei einem höheren Betrage	—	10	—	
	wenn die Vollmacht zur Vornahme aller oder gewisser Gattungen von Geschäften für den Vollmachtgeber ermächtigt (Generalvollmacht) und der Wert des Gegenstandes 50 000 Mark übersteigt	—	20	—	
	Allg. V. § 2 Abs. 1 Lit. a.				
	(2) Steht der Bevollmächtigte in einem Dienstverhältnisse zu dem Vollmachtgeber, höchstens	—	1	50	
	(3) Wenn der Wert des Gegenstandes der Vollmacht nicht schätzbar ist, wenn es sich insbesondere um Vollmachten zur Ausübung des Stimmrechts in Gesellschaften aller Art handelt	—	1	50	
	(4) **Bei Prozeßvollmachten treten an Stelle der Steuersätze des ersten Absatzes von 3, 5, 7,50, 10, die Steuersätze von 2, 3, 4, 5 Mark.**				

Lfd. Nr.	Gegenstand der Besteuerung	Steuersatz v. H.	Mk.	Pf.	Berechnung der Stempelabgabe
73.)	(5) Schriftstücke, in welchen jemand einem Dritten gegenüber erklärt, daß er einem anderen die Vornahme einer Angelegenheit rechtlicher Natur aufgetragen habe, sind dem Stempel nicht unterworfen, sofern nicht die Verkehrssitte eine Vollmacht in diesen Fällen erfordert und durch das Schriftstück die förmliche Vollmacht ersetzt werden soll.				
	(6) Zu Vollmachten, in denen mehrere nicht in einer Erb- oder sonstigen Rechtsgemeinschaft stehende Personen einen Bevollmächtigten bestellen, ist der Vollmachtstempel so oft zu verwenden, als Vollmachtgeber vorhanden sind.				
	(7) Wenn bei einer gerichtlichen oder notariellen Versteigerung durch die Kaufbedingungen oder durch besondere Erklärungen bestimmte Personen bevollmächtigt werden, nach erfolgtem Zuschlage für die Versteiglasser oder für die Ansteigerer die Auflassungserklärung abzugeben und für die Ansteigerer die Eintragung der Steigpreise zu bewirken, so ist der Vollmachtstempel ohne Rücksicht auf die Anzahl der Beteiligten und der abzugebenden Erklärungen nur einmal in Ansatz zu bringen, sofern nach Inhalt des Protokolls die Vollmacht auf einen Zeitraum von längstens drei Tagen nach Ablauf des Tages, an welchem der Zuschlag erfolgt, beschränkt wird.				
	(8) Substitutionen bei einer Prozeßvollmacht, welche nicht in einer nach diesem Tarif einem besonderen Stempel unterliegenden Verhandlung ausgestellt werden, sind stempelfrei, sofern über die ursprüngliche Vollmacht eine vorschriftsmäßig versteuerte Urkunde vorhanden und dies entweder auf der Substitutionsvollmacht vermerkt ist oder die ursprüngliche Vollmacht sich bei den Gerichtsakten befindet.				
	Vgl. die Anm. zu der bish. Tarifstelle 73 auf S. 271—286 dieses Buches.				
74.	**Vorrechtseinräumungen** (Prioritätszessionen)	—	3	—	

Lfd. Nr.	Gegenstand der Besteuerung	Steuersatz v. H.	Mk.	Pf.	Berechnung der Stempelabgabe
75.	(1) **Werkverdingungsverträge,** inhalts deren der Übernehmer auch das Material für das übernommene Werk ganz oder teilweise anzuschaffen hat, sind, falls letzteres in der Herstellung beweglicher Sachen besteht, wie Lieferungsverträge unter Zugrundelegung des für das Werk bedungenen Gesamtpreises zu versteuern. (2) Handelt es sich bei dem verdungenen Werke um eine nicht bewegliche Sache, so ist der Werkverdingungsvertrag so zu versteuern, als wenn über die zu dem Werke erforderlichen, von dem Unternehmer anzuschaffenden beweglichen Gegenstände in demjenigen Zustand, in welchem sie mit dem Grund und Boden in dauernde Verbindung gebracht werden sollen, ein dem Steuersatze der Tarifstelle „Kauf- und Tauschverträge" Buchstabe c oder der Ziffer 3 der „Ermäßigungen und Befreiungen" dieser Tarifstelle unterliegender Lieferungsvertrag und außerdem hinsichtlich des Wertes der Arbeitsleistung ein dem Steuersatze der Tarifstelle „Verträge" Ziffer 2 unterworfener Arbeitsvertrag abgeschlossen wäre. (3) Die Vorschrift des § 10 dieses Gesetzes findet entsprechende Anwendung dergestalt, daß, insoweit eine Trennung des Gesamtpreises nicht vorgenommen ist, der höchste Steuersatz zu entrichten ist. *Vgl. die Anm. zu den bish. Tarifstellen 74 und 75 auf S. 286—290 dieses Buches.*				
76.	**Wiederaufhebung** von Verträgen, s. Verträge Ziffer 1.				
77.	(1) **Zeugnisse, amtliche in Privatsachen,** innerhalb der Zuständigkeit der ausstellenden Behörde oder des ausstellenden Beamten erteilte	—	3	—	
	Allg. V. § 1 Abs. 1 Lit. c.				
	(2) Beurkundungen der Gerichtsvollzieher nach § 17 der Hinterlegungsordnung vom 14. März 1879 (Gesetzsamml. S. 249) . .	—	—	50	

Lfd. Nr.	Gegenstand der Besteuerung	Steuersatz v. H.	Mk.	Pf.	Berechnung der Stempelabgabe
(77.)	(3) Befreit sind: a) Zeugnisse, auf Grund deren ein anderes amtliches Zeugnis oder ein Paß (Reise- oder Leichenpaß, Paßkarte) ausgestellt werden soll; *Allg. V. § 10 Abs. 6.* b) Zeugnisse aller Art, welche von Geistlichen in bezug auf kirchliche Handlungen erteilt werden, insbesondere Geburts-, Tauf-, Aufgebots-, Ehe-, Trau-, Toten- und Beerdigungsscheine; c) Zeugnisse, welche zum Nachweise der Berechtigung zum Genusse von Wohltaten, Stiftungen und anderen Bezügen für hilfsbedürftige Personen dienen sollen oder welche wegen Zahlung von Wartegeldern, Pensionen, Unterstützungsgeldern, Krankengeldern, Beerdigungskosten, Witwen- und Waisengeldern und ähnlichen Kosten und Geldern als Rechnungsbelege bei öffentlichen oder privaten Kassen und Anstalten eingereicht werden müssen; *Allg. V. § 10 Abs. 6.* d) (1) Führungszeugnisse, insoweit sie nicht zur Erlangung der in den Tarifstellen „Erlaubniserteilungen“ und „Lustbarkeiten“ aufgeführten Genehmigungen usw. erforderlich sind. (2) Den Führungszeugnissen stehen gleich Zeugnisse über geleistete Arbeiten in Anstalten, welche von unmittelbaren oder mittelbaren Staatsbehörden betrieben werden; e) Beglaubigungen von Unterschriften unter Anträgen und Verhandlungen, die nach ihrem Inhalt ausschließlich zu einer Eintragung oder Löschung in öffentlichen, das Eigentum und die Belastung von Grundstücken und selbständigen Gerechtigkeiten feststellenden Büchern erforderlich sind, sowie die mit solchen Beglaubigungen verbundenen Zeugnisse				

Lfd. Nr.	Gegenstand der Besteuerung	Steuersatz v. H.	Mk.	Pf.	Berechnung der Stempelabgabe
(77.)	über die Vertretungsbefugnis der Beteiligten; *Allg. V. § 2 Abs. 1 Lit. d.* f) Beglaubigungen von Unterschriften der Gesuche um Auszahlung hinterlegter Gelder nach § 25 Abs. 2 der Hinterlegungsordnung vom 14. März 1879 (Gesetzsamml. S. 249). (4) In den unter a und c bezeichneten Fällen tritt die Stempelfreiheit nur dann ein, wenn der dieselbe begründende Zweck aus der Urkunde hervorgeht. Wird von den Attesten zu anderen Zwecken nachträglich Gebrauch gemacht, so ist der Stempel nachzuverwenden. *Allg. V. § 22 Abs. 7.* *Vgl. die Anm. zu der bish. Tarifstelle 77 auf S. 291—304 dieses Buches.*				
78.	**Zuschlagsbescheide**, wie Kaufverträge, s. diese.				

Allgemeine Verfügung des Finanzministers und des Justizministers vom 6. Juli 1909, — betreffend das gerichtliche Stempelwesen.

(JMBl. S. 239.)

Die Allgemeine Verfügung vom 29. Februar 1896 (JMBl. S. 63) wird nebst den sie abändernden oder ergänzenden Allgemeinen Verfügungen vom 17. Dezember 1897 (JMBl. S. 306), 17. Juli 1900 (JMBl. S. 505), 15. Oktober 1901 (JMBl. S. 251), 12. Dezember 1901 (JMBl. S. 283), 3. Juli 1905 (JMBl. S. 213), 21. September 1906 (JMBl. S. 291), 25. September 1907 (JMBl. S. 520), 28. Oktober 1907 (JMBl. S. 547) und 12. Dezember 1907 (JMBl. S. 604) aufgehoben. An ihre Stelle treten bis auf weiteres folgende Vorschriften:

I. Einziehung der Stempel als Gerichtskosten.

§ 1. Gerichtliche Urkunden.

Soweit nach den Vorschriften der §§ 2, 101 DGKG. (RGBl. 1898 S. 659) und des § 29 PrGKG. (GS. 1899 S. 326) für gerichtliche Urkunden Stempel zu erheben sind, findet eine Verwendung von Stempelmaterial nicht statt, vielmehr wird der Stempel nach den für Gerichtsgebühren geltenden Vorschriften (§§ 30, 119 PrGKG.) eingezogen. Stempel sind zu erheben:

a) für die im zweiten Abschnitte des ersten Teiles des PrGKG. bezeichneten gerichtlichen Urkunden (§ 56 PrGKG.); der auf dem Geschäfte ruhende Stempel wird für die Urschrift erhoben; die erste Ausfertigung ist stempelfrei, für weitere Ausfertigungen wird der Stempel nach der Tarifstelle 16 (Duplikate) LStG. erhoben.

Wegen des Stempelansatzes für gerichtliche Beurkundungen, die aus Anlaß des Ersuchens eines anderen Gerichts erfolgen, gilt die Allgemeine Verfügung vom 6. Januar 1905 (JMBl. S. 8);

b) für Auflassungen und Anträge auf Eintragung der Begründung oder Übertragung von Erbbaurechten oder sonstigen Rechten, welche ein Grundbuchblatt erhalten können, sowie für Anträge auf Umschreibung von Gesellschaftseigentum auf den Namen eines Gesellschafters in den Fällen, in denen nach den Vorschriften des bürgerlichen Rechtes eine Auflassung nicht erforderlich ist — Tarifstelle 8 LStG. —, für Anträge auf Eintragung einer Hypothek oder Grundschuld (Rentenschuld) oder wiederkehrenden Geldleistung — Tarifstelle 58 III daselbst —, der Abtretung einer Hypothek oder Grundschuld — Tarifstelle 2 Abs. 4 daselbst —, der Verpfändung einer Hypothek oder Grundschuld oder wiederkehrenden Geldleistung — Tarifstelle 58 III daselbst — und eines Nießbrauchs an unbeweglichen Sachen oder ihnen gleichgeachteten Rechten — Tarifstelle 44 daselbst — (§ 69 PrGKG.);

c) für Bescheinigungen oder beglaubigte Abschriften aus gerichtlichen Registern, soweit für deren Erteilung eine Gebühr nicht bestimmt ist (§ 110 PrGKG.); hiernach ist ein Stempel zu erheben für Bescheinigungen und beglaubigte Abschriften aus den Genossenschaftsregistern, den Schiffsregistern, den Registern für Wassergenossenschaften und den Vorrechtsregistern, dagegen ist ein Stempel nicht zu erheben für Bescheinigungen und beglaubigte Abschriften aus den Handelsregistern, den Vereinsregistern, den Güterrechtsregistern, den Standesregistern und Kirchenbüchern und den Musterregistern. Die nach § 11 Abs. 4 des Genossenschaftsgesetzes (RGBl. 1898 S. 810) auf die der Genossenschaft zurückzugebende Abschrift des Statuts zu setzende Bescheinigung der erfolgten Eintragung ist stempelfrei, weil diese Bescheinigung von Amts wegen, nicht auf Veranlassung der Genossenschaft (§ 12a LStG.) erteilt wird; ebenso ist die Beglaubigung dieser Abschrift stempelfrei. In Vereinsregistersachen ist für die nach § 66 BGB. erforderliche Beglaubigung der bei den Gerichtsakten verbleibenden Satzung ein Stempel nicht anzusetzen.

d) für die in Angelegenheiten der freiwilligen Gerichtsbarkeit auf besonderen Antrag erteilten Ausfertigungen und beglaubigten Abschriften stempelpflichtiger Urkunden (§ 114 PrGKG.);

e) für den Beschluß, durch welchen im Verfahren der Zwangsversteigerung der Zuschlag erteilt wird (§ 126 a. a. O.).

Der Stempel für die zu gerichtlichem Protokoll erklärten oder ihrem Inhalte nach anerkannten Pacht- und Mietverträge ist nicht als Gerichtsgebühr zu berechnen; vielmehr erfolgt die Versteuerung dieser Verträge in Gemäßheit der Tarifstelle 48 I LStG. mittels des dort vorgeschriebenen Pacht- und Mietverzeichnisses. Inwieweit der Stempel für Verfügungen von Todes wegen, die durch Übergabe einer Schrift errichtet werden, als Gerichtsgebühr zu erheben ist, bestimmt sich nach § 2c dieser Verfügung. Ferner findet von dem Grundsatze, daß der Stempel für gerichtliche Urkunden, soweit ein solcher neben den Gebühren zu erheben ist, als Gerichtsgebühr behandelt wird, eine Ausnahme für die in Abschnitt II dieser Verfügung bezeichneten Fälle statt, in denen nach stempelgesetzlichen Vorschriften eine Stundung eintritt. Bezüglich des Stempels für Auflassungen und Eintragungsanträge kommen die Vorschriften unter I nur insoweit zur Anwendung, als nicht ein anderes besonders bestimmt ist (vgl. hierzu Abschnitt III).

Da nach § 30 PrGKG. eine Verwendung von Stempelmaterial bei den Gerichten nicht stattfinden soll, ist auch der Stempel für die in Angelegenheiten der Justizverwaltung errichteten Urkunden (Lieferungsverträge, Bestallungen usw.) nicht in Natur zu verwenden, sondern bei den Gerichtskosten zu vereinnahmen. Dies gilt insbesondere auch von den gemäß Tarifstelle 48 I zu versteuernden, von den Justizbehörden als Verpächter oder Vermieter abgeschlossenen Pacht- und Mietverträgen.

§ 2. Außergerichtliche Urkunden.

Die im § 30 PrGKG. für die Stempel gerichtlicher Urkunden gegebenen Vorschriften sind im § 31 daselbst zur Erleichterung der Rechtsuchenden auf eine Reihe außergerichtlicher Urkunden ausgedehnt, wenn diese Urkunden ohne den vorgeschriebenen Stempel bei Gericht eingereicht werden. Danach wird die Stempelsteuer, wie bei gerichtlichen Urkunden, in folgenden Fällen als Gerichtsgebühr vereinnahmt:

a) wenn zum Gebrauche bei Gericht bestimmte Vollmachten (Tarifstelle 73), Schätzungen von Grundstücken, insofern sie wegen eines Privatinteresses unter Aufsicht einer öffentlichen Behörde aufgenommen werden (Tarifstelle 64), und Vermögensverzeichnisse, welche zum Gebrauche bei stempelpflichtigen Urkunden dienen (Tarifstelle 30), ohne den vorgeschriebenen Stempel bei Gericht eingereicht werden.

In Fällen, in welchen nach § 499 Abs. 2 StrPO. die dem Angeschuldigten erwachsenen notwendigen Auslagen der Staatskasse auferlegt sind, ist der Stempel für die Vollmacht außer Ansatz zu lassen;

b) wenn behufs Ausschließung des Auflassungsstempels oder des für die Eintragung, Abtretung oder Verpfändung einer Hypothek oder Grundschuld (Rentenschuld) zu entrichtenden Wertstempels die Urkunden über das der Auflassung oder Eintragung zugrunde liegende Rechtsgeschäft ohne den vorgeschriebenen Stempel vorgelegt werden; wegen der Stempelpflicht privatschriftlicher Verträge über die Veräußerung von Grundstücken sind die Allgemeinen Verfügungen des Finanzministers vom 12. Februar 1900 und des Justizministers vom 2. März 1900 (ZBl. S. 97, JMBl. S. 63) zu beachten.

Die Vereinnahmung eines zu der Urschrift einer notariellen Urkunde zu wenig verwendeten Stempels zu den Gerichtskosten ist auch in den Fällen zulässig, in welchen dem Gerichte nur eine (als erste Ausfertigung stempelfreie oder als weitere Ausfertigung mit 3 Mark richtig versteuerte) Ausfertigung oder eine beglaubigte Abschrift der Urkunde vorgelegt wird (AVf. vom 7. Mai 1901 — JMBl. S. 115, ZBl. S. 144 —). Die Zuständigkeit der Gerichtsbehörden zur Nachforderung der Stempel zu solchen Urkunden ist indessen keine ausschließliche. Es steht vielmehr auch der das Fehlen der Stempel entdeckenden Zollbehörde — und namentlich den Vorständen der Stempelsteuerämter bei der Stempelrevision — die Befugnis zu, zu wenig verwendete Stempel einzuziehen und in Natur zu entwerten, selbst wenn zu vermuten ist oder feststeht, daß die Urkunden dem Gerichte vorgelegt sind und die Fehlstempel deshalb bei den Gerichtskosten zu vereinnahmen wären (AVf. vom 3. Oktober 1904 — JMBl. S. 265 —, FME. vom 17. September 1904 — ZBl. S. 229 —);

c) wenn Verfügungen von Todes wegen zur amtlichen Verwahrung überreicht oder durch Übergabe einer Schrift errichtet werden.

Die Vereinnahmung des Stempels bei den Gerichtskosten ist jedoch auf die nach den Tarifstellen 21 und 66 zu entrichtenden Stempel beschränkt. Unterliegen die Verfügungen noch außerdem den Steuersätzen anderer Tarifstellen — beispielsweise, wenn in ihnen Schuldverschreibungen, Stiftungen usw. beurkundet sind —, so hat das zuständige Stempel- oder Erbschaftssteueramt dafür Sorge zu tragen, daß die Verwendung der bezüglichen Stempel in Stempelmaterialien erfolgt.

Bei Verfügungen von Todes wegen, die mündlich vor Gericht erklärt werden, findet die Einziehung von Stempeln der letzterwähnten Art gemäß § 1 dieser Verfügung als Gerichtsgebühr statt. Die Erbschaftssteuerämter sind verpflichtet, die Gerichtsschreibereien auf die Einziehung derartiger Stempelabgaben, von denen sie bei Prüfung der Verfügungen im Erbschaftssteuerinteresse Kenntnis erhalten, aufmerksam zu machen;

d) wenn Urkunden zur gerichtlichen Vollziehung, Anerkennung des Inhalts oder Sicherstellung der Zeit der Ausstellung bei Gericht eingereicht werden. Eine Vereinnahmung des Stempels als Gerichtsgebühr findet nicht statt hinsichtlich derjenigen Urkunden, welche dem Gerichte nur zur Anerkennung oder Beglaubigung der Unterschriften oder Handzeichen vorgelegt werden;

e) wenn privatschriftliche und notarielle Urkunden, welche ihre Gültigkeit erst durch die gerichtliche Genehmigung oder Bestätigung erlangen, insbesondere Verträge über die Annahme an Kindes Statt, zur Erteilung dieser Genehmigung oder Bestätigung bei Gericht eingereicht werden. Werden Urkunden der bezeichneten Art, welche bereits von den Gerichten genehmigt sind, bei denen aber die Einziehung des Stempels bei den Gerichtskosten versehentlich unterlassen ist, einer Zollstelle zur Besteuerung vorgelegt, oder erhält diese auf anderem Wege Kenntnis von solchen Urkunden, so wird dem zuständigen Gericht Anzeige erstattet werden, welches die Nachversteuerung durch die Gerichtsschreiberei zu veranlassen hat;

f) für die im Auslande geschlossenen Gesellschaftsverträge, welche die Errichtung gleicher oder ähnlicher Gesellschaften, wie die in Tarifstelle 25a und b bezeichneten, zum Gegenstande haben, sofern die Gesellschaften ihren Sitz im Inlande nehmen oder im Inland eine Zweigniederlassung errichten, und für die im Auslande geschlossenen Verträge über Erhöhungen des Grund- oder Stammkapitals solcher Gesellschaften. Im Falle der Errichtung einer Zweigniederlassung berechnet sich der Stempel nach dem Werte des Anlage- und Betriebskapitals der inländischen Zweigniederlassung, im Falle der Erhöhung des Grund- oder Stammkapitals nach demjenigen Betrage, der zu dem Betrage der Erhöhung des Kapitals in demselben Verhältnisse steht, wie der Wert des inländischen Anlage- und Betriebskapitals zu dem Werte des gesamten Anlage- und Betriebskapitals (Tarifstelle 25a Abs. 5 und Tarifstelle 25b Abs. 2 a). Der Stempel wird nur erhoben, wenn eine Eintragung in das Handelsregister erfolgt ist.

Bei gerichtlich genehmigten Urkunden ist die Einziehung des Stempels zu den Gerichtskosten schon vor dem Beginne der in § 16 Abs. 3 LStG.

bestimmten Frist zulässig (AVf. vom 3. Oktober 1904 — JMBl. S. 265 —, FME. vom 17. September 1904 — ZBl. S. 229 —).

Wenn ein Rechtsgeschäft von mehreren Vormundschaftsgerichten, insbesondere auch von außerpreußischen Vormundschaftsgerichten zu genehmigen ist, so ist der Stempel bei demjenigen Gericht anzusetzen, welches zuletzt seine Genehmigung ausspricht. Wird die letzte Genehmigung von einem außerpreußischen Gericht erteilt, so muß die Vorschrift des § 31 PrGKG. außer Anwendung bleiben und es ist der Stempel in Stempelzeichen zu verwenden; für den Beginn der Verwendungsfrist ist in diesem Falle die Vorschrift des § 16 Abs. 3 LStG. maßgebend.

In den Fällen zu a bis d hat die Gerichtsschreiberei, wenn die Einreichung der stempelpflichtigen Schriftstücke nicht innerhalb der gesetzlichen Stempellösungsfristen (§ 16 LStG.) erfolgt ist, eine Abschrift der Urkunde oder ihres für die Stempelpflichtigkeit in Betracht kommenden Teiles oder eine den wesentlichen Inhalt der Urkunde enthaltende Mitteilung unter Benachrichtigung von dem bei den Gerichtskosten in Rechnung gestellten oder vereinnahmten Stempelbetrage dem zuständigen Hauptzollamte zugehen zu lassen. Dasselbe gilt im Falle zu e, wenn die Urkunde das Erfordernis der gerichtlichen Genehmigung nicht erkennen läßt und infolgedessen die Stempelpflicht schon vor Erteilung der gerichtlichen Genehmigung begründet ist.

Wegen der nach stempelgesetzlichen Vorschriften zu stundenden Stempelbeträge vergleiche Abschnitt II.

Der Stempel für Auflassungen und für die im § 1 bezeichneten Eintragungsanträge wird auch dann unter Beachtung der Vorschriften des dritten Abschnitts bei dem das Grundbuch führenden Gerichte zu den Gerichtskosten vereinnahmt, wenn die Auflassung oder der Eintragungsantrag nicht von diesem Gerichte beurkundet ist.

Werden auf Grund der vorbezeichneten Bestimmungen fehlende Stempel zu notariellen Urkunden nach den für die Gerichtsgebühren geltenden Vorschriften eingezogen, so hat der Gerichtsschreiber den Notar, welcher die Urkunde aufgenommen hat, hiervon zu benachrichtigen. Die Mitteilung erfolgt bei Aufstellung der Kostenrechnung durch frankierte Postkarte. Der Notar hat einen entsprechenden Vermerk auf die Urkunde zu setzen.

§ 3. Verfahren bei der Einziehung des Stempels im allgemeinen.

Die Berechnung und Einziehung der als Gerichtsgebühr zu behandelnden Stempelbeträge erfolgt in derselben Weise, wie die Berechnung und Einziehung der Gerichtsgebühren nach den Vorschriften der Kassenordnung.

§ 4. Zahlungspflicht.

Die Vorschriften der §§ 1 und 2 PrGKG. bleiben nach § 30 daselbst hinsichtlich der Stempelabgaben außer Anwendung. An die Stelle dieser Vorschriften treten die §§ 12, 13 LStG. Daneben bleiben aber in Geltung die Bestimmungen der §§ 3 (Entnahme aus der Masse), 4 (freiwillige Übernahme) und 5 (Haftung Dritter) des PrGKG.

§ 5. Befreiungen.

In bezug auf die sachlichen und persönlichen Befreiungen von der Stempelsteuer kommen nicht § 7 Abs. 1 und § 8 PrGKG., sondern die §§ 4 und 5 LStG. zur Anwendung. Dagegen erstreckt sich die den Gerichten in § 7 Abs. 2 PrGKG. beigelegte Befugnis zur Niederschlagung von Gerichtsgebühren und Gewährung von Gebührenfreiheit auch auf die Stempelabgaben.

Bei jedem Oberlandesgericht ist ein Verzeichnis über diejenigen Stiftungen zu führen, welche als milde Stiftungen anerkannt sind. Zu diesem Zwecke wird den Präsidenten der Oberlandesgerichte von jeder Anerkennung einer milden Stiftung, welche in dem Bezirke des Oberlandesgerichts ihren Sitz hat, Nachricht gegeben werden.

Sobald der in § 5 Abs. 1g LStG. vorgesehene Fall eintritt, daß die dort aufgeführten Gesellschaften oder Genossenschaften ihr Statut und damit zugleich ihre Zwecke in der Weise ändern, daß die für die Befreiung von der Entrichtung der Stempelsteuer angegebenen Voraussetzungen nicht mehr zutreffen, hat das Registergericht dem zuständigen Stempelsteueramte hiervon Mitteilung zu machen. Dieses stellt auf Grund der von den Gesellschaften und Genossenschaften geführten Akten die fehlenden Stempelbeträge fest und teilt sie, soweit sie nach den bestehenden Vorschriften zu den Gerichtskosten einzuziehen und noch nicht verjährt sind, dem Amtsgerichte mit, welches die Einziehung zu veranlassen hat.

Über die Zulässigkeit der in § 2 Abs. 3 LStG. erwähnten Anrechnung der in einem anderen Bundesstaat entrichteten Stempel und der in § 5 Abs. 2 und 3 a. a. O. erwähnten Stempelsteuerbefreiungen entscheidet, insoweit als Gerichtsgebühr einzuziehende Stempel in Frage kommen, der Justizminister im Einverständnisse mit dem Finanzminister.

§ 6. Wertberechnung, Erinnerungen und Beschwerden gegen den Stempelansatz.

Die materiellen Grundsätze für die Wertberechnung sind aus dem Stempelsteuergesetz (insbesondere aus § 6) und dem Stempeltarife zu entnehmen; dagegen richtet sich das Verfahren ebenso, wie bei Erinnerungen und Beschwerden betr. den Ansatz von Stempelbeträgen überhaupt, nach den §§ 24ff. PrGKG. mit der Maßgabe, daß gegen die Entscheidungen des Oberlandesgerichts Beschwerde an den Justizminister stattfindet, welcher auch berechtigt ist, in allen Fällen den Ansatz dieser Beträge von Amtswegen zu berichtigen.

Die Vorschriften über die Erledigung von Erinnerungen und Beschwerden finden auch insoweit Anwendung, als es sich um die Frage handelt, ob der volle, oder der ermäßigte Stempel für einen Vertrag über eine Annahme an Kindes Statt (Tarifstelle 4) anzusetzen ist.

Wenn der Wert des Gegenstandes eines Vertrags sich nach dem Lebensalter einer Person berechnet, so ist das Alter in der Verhandlung zu vermerken.

Behufs Ermittelung des Wertes des Gegenstandes, nach welchem gegebenenfalls gemäß Tarifstelle 32 Abs. 2 Ziffer 2 der Stempel für den Zuschlagsbeschluß im Zwangsversteigerungsverfahren zu berechnen ist, hat das Amtsgericht gleichzeitig mit der Bestimmung des Versteigerungstermins (§ 36 des Reichsgesetzes über die Zwangsversteigerung und die Zwangsverwaltung vom 24. März 1897 in der Fassung der Bekanntmachung vom 20. Mai 1898 — RGBl. S. 713 —) das zuständige Hauptzollamt um Auskunft anzugehen. Die von dem Hauptzollamt über den Wert des Gegenstandes erteilte Auskunft ist den Beteiligten auf Verlangen bekanntzugeben. Erreicht das Meistgebot nicht den in der Auskunft angegebenen Wert des Gegenstandes, so hat der Gerichtsschreiber diesen Wert der Stempelberechnung zugrunde zu legen, sofern nicht die Wertberechnung gemäß Satz 3 der Tarifstelle 32 Abs. 2 zu erfolgen hat. Für die Berechnung der Gerichtsgebühren bleiben die Vorschriften des § 127 PrGKG. maßgebend.

Die Beanstandung der Angaben der Steuerpflichtigen über den Wert des Gegenstandes eines Geschäfts ist binnen einer dreijährigen Frist nach der Beurkundung zulässig (§ 27 Abs. 3 LStG.). Bezüglich der nach Tarifstelle 66 zu entrichtenden Stempel beginnt diese Frist erst nach Ablauf des Kalenderjahres, in welchem die Eröffnung der Verfügung von Todes wegen erfolgt (§ 27 Abs. 3 und 4 a. a. O.). Maßgebend für die Wertberechnung ist der Zeitpunkt der Fälligkeit der Stempelsteuer. Vor Eröffnung der Verfügung von Todes wegen finden die Vorschriften des § 7 LStG. keine Anwendung (Tarifstelle 66 Ziffer 1).

Bei der Berechnung des Wertstempels für Veräußerungsgeschäfte (Tarifstelle 32) ist zu beachten, daß, wenn auf dem veräußerten Gegenstand ein Nießbrauchsrecht lastet, zu dessen Beseitigung der Veräußerer nicht verpflichtet ist (Ziffer 4 Abs. 2 a. a. O.), der Stempel von dem Werte des veräußerten Gegenstandes zu berechnen ist, sofern dieser Wert den nach dem ersten Absatze der Tarifstelle 32 zu berechnenden Betrag der Gegenleistung übersteigt. Diese Bestimmung findet jedoch nur auf Nießbrauchsrechte, nicht auf sonstige dingliche Lasten (Altenteile, Vorkaufsrechte) Anwendung, zu deren Beseitigung der Verkäufer nicht verpflichtet ist. Werden derartige, zur Zeit der Veräußerung bereits auf dem veräußerten Grundstücke haftende Lasten von dem Käufer übernommen, so vermindert sich der Wert des Gegenstandes in Höhe des Wertes der übernommenen Last.

Der § 12 PrGKG. betr. die Zulässigkeit der Nachforderung von Gerichtskosten findet auf die als Gerichtsgebühr zu vereinnahmenden Stempel keine Anwendung.

§ 7. Rechtsweg.

Über die Verpflichtung zur Entrichtung einer Stempelabgabe ist gemäß § 26 LStG. der Rechtsweg zulässig. Die Klage ist gegen die zur Vertretung des Fiskus in Angelegenheiten der Justizverwaltung bestimmte Behörde zu richten (§ 26 Satz 3 das.), d. h. nach dem Gesetze vom 14. März 1885 (GS. S. 65) und Ziffer 1 und 2 der Allgemeinen Verfügung vom 23. März 1885 (JMBl. S. 119) gegen die Staatsanwaltschaft bei demjenigen Oberlandesgericht, in dessen Bezirke der Ansatz des Stempels erfolgt ist.

Zur Aufrechterhaltung der Einheitlichkeit in der Anwendung der gesetzlichen Vorschriften haben sich die Oberstaatsanwälte, bevor sie sich auf einen Prozeß wegen Stempelabgaben einlassen, mit den Oberzolldirektionen bezüglich der Streitfrage und der weiteren Behandlung der Prozesse in Verbindung zu setzen, ihnen auch Abschrift der rechtskräftig gewordenen gerichtlichen Urteile mitzuteilen. Hinsichtlich der Mitteilung der Entscheidungen an den Justizminister verbleibt es bei den bestehenden Vorschriften.

§ 8. Stundungen, Teilzahlungen und Niederschlagungen.

Die Vorschriften über das Armenrecht (Reichsgesetz über die Angelegenheiten der freiwilligen Gerichtsbarkeit — RGBl. 1898 S. 771 — § 14, Preußisches Gesetz über die freiwillige Gerichtsbarkeit — GS. 1899 S. 299 — Artikel 1, Kassenordnung vom 28. März 1907 — JMBl. S. 127 — § 19) finden auch auf die nach den Vorschriften über Gerichtsgebühren einzuziehenden Stempel Anwendung. Ebenso sind die

Vorschriften des § 17 PrGKG. und der §§ 20, 31 der Kassenordnung über die Stundung und Niederschlagung der Kosten, insbesondere im Falle der Armut des Zahlungspflichtigen, auch für Stempel maßgebend. Über die Fälle, in welchen nach den Vorschriften des Stempelsteuergesetzes eine Stundung des Stempels eintritt, vergleiche die Bestimmungen in den §§ 11, 12 dieser Verfügung.

Auf die Niederschlagung von Stempeln wegen unrichtiger Behandlung der Sache oder wegen Unkenntnis der Beteiligten findet der § 7 Abs. 2 PrGKG. Anwendung. Sollen in Fällen, in welchen das Gesetz die Erstattung bereits gezahlter Stempel zuläßt, noch rückständige Stempel niedergeschlagen werden, so sind die Vorschriften im § 9 dieser Verfügung entsprechend anzuwenden.

§ 9. Erstattung, Ermäßigung und Anrechnung von Stempeln.

In bezug auf die Rückerstattung und Ermäßigung von Stempelabgaben und die Abstandnahme von ihrer Einziehung gelten § 6 Abs. 2, § 25 LStG. und Nr. 4 Abs. 2, Nr. 32 Abs. 4, 6 bis 8, Nr. 71 Ziffer 1 Abs. 3 des Stempeltarifs.

Für das Verfahren gelten folgende Vorschriften:

a) Anträge auf Erstattung von Stempelbeträgen in den Fällen des Abs. 6 der Tarifstelle 2, des Abs. 3 der Tarifstelle 8 und des Abs. 2 der Tarifstelle 58III oder wegen unrichtigen Ansatzes sowie auf Abstandnahme von der Einziehung von Stempeln im Falle des Abs. 8 Satz 2 der Tarifstelle 32 sind ebenso zu behandeln wie Erinnerungen und Beschwerden gegen den Stempelansatz (§ 6 dieser Verfügung).

b) Über Anträge

1. auf Erstattung des Stempels zu Urkunden über nichtige oder infolge einer Anfechtung als von Anfang an nichtig anzusehende oder durch rechtskräftiges Urteil für nichtig erklärte Geschäfte (§ 25 Abs. 1c LStG.);
2. auf Erstattung des Wertstempels in den Fällen des § 6 Abs. 2 und der Tarifstelle 32 Abs. 4 LStG. sowie des Abs. 8 Satz 1 derselben Tarifstelle;
3. auf Erstattung oder Ermäßigung von Stempeln aus Billigkeitsrücksichten (§ 25 Abs. 2 LStG., Tarifstelle 32 Abs. 8 Satz 3 und Tarifstelle 71 Ziffer 1 Abs. 3 a. a. O.)

entscheidet der Präsident desjenigen Landgerichts, in dessen Bezirke der Stempel erhoben ist. Für den Bezirk des Amtsgerichts Berlin-

Mitte entscheidet der Amtsgerichtspräsident. Im Falle der Rückerstattung des Stempels auf Grund des § 25 Abs. 1c und Abs. 2 LStG. hat der Landgerichtspräsident gleichzeitig zu bestimmen, ob der Stempel von demjenigen Vertragschließenden wieder einzuziehen ist, welcher bei der Beurkundung von den die Nichtigkeit oder Ungültigkeit des Geschäfts bedingenden Umständen Kenntnis gehabt oder die unterbliebene Ausführung oder die Wandelung verschuldet hat (§ 25 Abs. 3 a. a. O.).

Gegen die Entscheidung des Landgerichtspräsidenten findet Beschwerde im Aufsichtswege statt.

c) Ob für einen Vertrag über eine Annahme an Kindes Statt (Tarifstelle 4) der volle oder der ermäßigte Stempel zum Ansatze zu bringen ist, hat der zur Berechnung des Stempels berufene Gerichtsschreiber zu entscheiden. Der ermäßigte Steuersatz darf nur dann zugestanden werden, wenn der Annehmende ein von der obrigkeitlichen Behörde seines Wohnorts ausgestelltes stempelfrei auszufertigendes Zeugnis darüber beibringt, daß er sich in bedürftigen Vermögensverhältnissen befindet. Dieses Zeugnis ist in Urschrift oder Abschrift bei den Akten zurückzubehalten.

Wenn die Anrechnung des zu einer Punktation verwendeten Wertstempels auf denjenigen Stempel verlangt wird, welchem eine auf Grund der Punktation aufgenommene, mit ihr im wesentlichen übereinstimmende Vertragsurkunde unterliegt, so ist von dem Steuerpflichtigen die mit dem Wertstempel versehene Punktation (bei notariellen Punktationen die mit der Bescheinigung des zur Urschrift verwendeten Stempels versehene Ausfertigung) vorzulegen. Auf das weitere Verfahren finden die Vorschriften im § 18 dieser Verfügung entsprechende Anwendung. Da die Anrechnung sich nur auf den zur Punktation verwendeten Wertstempel bezieht, so bleiben die festen Stempel, welche die Punktation, wenn sie nicht mit dem Wertstempel versteuert wäre, mit Rücksicht auf die besondere Form ihrer Errichtung erfordern würde (Notariatsurkundenstempel usw.), oder welche zu ihr wegen der darin enthaltenen Nebenverträge (vgl. Tarifstelle 71 Ziffer 2 Abs. 1) noch besonders verwendet worden sind, von der Anrechnung ausgeschlossen.

§ 10. Vermerk des Stempels auf den Urkunden.

Auf den von den Gerichtsbehörden zu erteilenden Ausfertigungen und Abschriften ist der für die Urschrift oder die Ausfertigung etwa zum Ansatze gekommene und als Gerichtsgebühr berechnete Betrag des Stempels zu vermerken. Mit dem gleichen Vermerke sind die zu den Akten eingereichten außergerichtlichen Schriftstücke zu versehen, bei denen die Berechnung des Stempels als Gerichtsgebühr stattgefunden hat. Auf der ersten Ausfertigung einer gerichtlichen Urkunde, auf welche der zweite Abschnitt des ersten Teiles des PrGKG. Anwendung findet, ist deren Stempelfreiheit sowie der für die Urschrift berechnete Stempel zu vermerken, z. B.:

Als erste Ausfertigung stempelfrei. Für die Urschrift 500 Mark (in Worten) Stempel berechnet.

Bei weiteren Ausfertigungen ist auf die Nebenausfertigung der zu dieser und der zur Urschrift berechnete Stempel getrennt anzugeben, z. B.:

3,00 Mark Stempel zur Nebenausfertigung,
30,00 „ Stempel zur Urschrift,
zusammen 33,00 Mark (in Worten) sind als Gerichtsgebühr berechnet.

Die zugunsten von Kommunalverbänden, Kommunen oder Korporationen ländlicher oder städtischer Grundbesitzer oder Grundkredit- und Hypothekenbanken ausgestellten Schuldverschreibungen, welche auf Grund der demnächstigen Ausreichung reichsstempelpflichtiger Renten- und Schuldverschreibungen nach der Befreiung d unter I der Tarifstelle 58 von der Entrichtung des landesgesetzlichen Schuldverschreibungsstempels frei sind, müssen mit einem den Grund der Stempelfreiheit ergebenden Vermerke versehen sein, z. B.:

Stempelfrei, da auf Grund dieser Verschreibung reichsstempelpflichtige Pfandbriefe neu ausgegeben werden.

Die gleichen Bestimmungen finden auf die in der Befreiung der Tarifstelle 2 erwähnten Abtretungsurkunden Anwendung.

Die Vermerke über den Stempelansatz sind von dem Gerichtsschreiber mit Datum und Unterschrift zu versehen. Die Verpflichtung zur Ausstellung dieser Vermerke liegt demjenigen Beamten ob, welcher bei Ausfertigungen und beglaubigten Abschriften den Ausfertigungs- oder Beglaubigungsvermerk unterschreibt oder im Falle der Erteilung einer einfachen Abschrift die Abschrift der Kanzlei abnimmt. Schriftstücke, für welche ein Stempel zu den Gerichtskosten zu berechnen ist, dürfen zur Herstellung einer Ausfertigung oder Abschrift erst dann zur Kanzlei gegeben werden, wenn die Berechnung des Stempels erfolgt und der berechnete Betrag auf der Urschrift vermerkt ist. Erscheint es in einzelnen Fällen aus besonderen Gründen zweckmäßig, mit der Herstellung der Ausfertigung oder Abschrift schon vor erfolgter Stempelberechnung vorzugehen, so ist auf die Urschrift vor der Abgabe an die Kanzlei ein in die Ausfertigung oder Abschrift nicht zu übernehmender Vermerk zu setzen, daß die Berechnung des Stempels vorbehalten sei. In diesem Falle darf die Aushändigung der Ausfertigung oder Abschrift erst erfolgen, nachdem die Stempelberechnung nachgeholt und die Ausfertigung oder Abschrift mit der vorgeschriebenen Bescheinigung versehen ist.

Bei der Erteilung amtlicher Zeugnisse, welche ihres besonderen Zweckes wegen (vgl. Tarifstelle 77 Buchstabe a und c) dem sonst zu entrichtenden Stempel nicht unterliegen, ist in dem Zeugnis, und zwar in dem Texte desselben (nicht aber in Vermerken, welche außerhalb dieses Textes stehen und durch die Unterschrift des Beamten nicht gedeckt werden), der Zweck bestimmt anzugeben, zu welchem das Zeugnis ausgestellt wird. Unterbleibt eine solche Angabe, so unterliegt das Zeugnis in allen Fällen und ohne Rücksicht darauf, daß es tatsächlich zu einem die Stempelfreiheit genießenden Zwecke gebraucht worden ist, dem tarifmäßigen Stempel von 3,00 Mark. Diese Vorschrift findet auf beglaubigte Abschriften (Tarifstelle 1) entsprechende Anwendung.

II. Verfahren im Falle der Stundung von Stempeln nach stempelgesetzlichen Vorschriften.

§ 11. Fälle, in denen eine gesetzliche Stundung des Stempels eintritt.

Eine Aussetzung der Versteuerung findet nach dem Stempelsteuergesetz in folgenden Fällen statt:

A. bei Unbestimmtheit des Wertes des Gegenstandes (§ 8 LStG.), wenn der Wert des Gegenstandes, wie z. B. bei Lieferungsverträgen, dergestalt unbestimmt ist, daß er von vornherein auch nicht annähernd geschätzt werden kann;

B. bei Fideikommißstiftungen (Tarifstelle 24), für welche von dem Stifter ein weiteres Anwachsen des Grundvermögens, sei es durch in Aussicht genommene Zuwendungen freigebiger Art, sei es durch eine angeordnete Zuschlagung von Zinsen zum Kapitale vorgesehen worden ist;

C. bei Gesellschaftsverträgen und Beschlüssen über Erhöhung des Gesellschaftskapitals bei Aktiengesellschaften, Kommanditgesellschaften auf Aktien und Gesellschaften mit beschränkter Haftung, soweit das Kapital nicht sofort voll eingezahlt wird (Tarifstelle 25a Abs. 3).

§ 12. Verfahren bei Erhebung gesetzlich gestundeter Stempelbeträge.

In den Fällen des § 11 B dieser Verfügung ist der Stempel, wenn die Stiftungsurkunde gerichtlich aufgenommen oder behufs Anerkennung des **Inhalts** eingereicht ist, nach Maßgabe der Vorschriften unter I bei den Gerichtskosten zu vereinnahmen, sobald er fällig wird (Tarifstelle 24 Abs. 4). Den Eintritt der Fälligkeit hat der Gerichtsschreiber zu überwachen.

In entsprechender Weise ist zu verfahren hinsichtlich der von den Justizbehörden in Angelegenheiten des eigenen dienstlichen Bedarfs abgeschlossenen Lieferungsverträge und Dienstverträge im Falle des § 11 A dieser Verfügung.

In den übrigen Fällen des § 11 erfolgt, insoweit der Stempel nicht sofort mit den Gerichtskosten zu erheben ist, die Erhebung des Stempels durch die Zollbehörden.

In den Fällen, in denen wegen Unbestimmtheit des Wertes die Feststellung des zu verwendenden Stempels erst später erfolgen kann, hat der Gerichtsschreiber, soweit nicht nach Abs. 1 der Stempel zu den Gerichtskosten zu erheben ist, die Ausfertigung der vom Gericht aufgenommenen Urkunde, oder sofern es sich um eine Urkunde handelt, welche dem Gerichte zum Zwecke der Anerkennung des Inhalts eingereicht worden ist, diese Urkunde selbst demjenigen Stempelsteueramt, in dessen Geschäftsbezirke die Gerichtsbehörde ihren Sitz hat, zu übersenden, und daß dies geschehen ist, auf der Urschrift oder auf der Verhandlung über die Inhaltsanerkennung zu vermerken.

Die entstehenden Schreibgebühren und Portokosten fallen der Staatskasse zur Last.

Zur Vermeidung unnötigen späteren Schreibwerkes haben die Gerichte tunlichst bei Aufnahme der Urkunden die Parteien über die die Berechnung und Überwachung der zu stundenden Stempel bedingenden Umstände zu hören. Diese Angaben der Parteien sind dem Stempelsteueramte mitzuteilen.

In gleicher Weise ist zu verfahren hinsichtlich der **Gesellschaftsverträge und Gesellschaftsbeschlüsse**, insoweit bei ihnen das Kapital nicht sofort eingezahlt ist und deshalb eine Nachversteuerung der Teilzahlungen stattzufinden hat. Die Gesellschaftsverträge und Gesellschaftsbeschlüsse sind dem Stempelsteueramt in beglaubigter Abschrift oder in beglaubigtem Auszuge zu übersenden.

III. Stempel für Auflassungen und Eintragungsanträge, für Zuschlagsbeschlüsse im Zwangsversteigerungsverfahren und für Schenkungen.

A. Auflassungen.

§ 13. Allgemeine Grundsätze. Wertberechnung.

Auflassungserklärungen sind wie gegenseitige Verträge zu behandeln, insbesondere sind wegen der sachlichen und persönlichen Stempelsteuerbefreiungen die Vorschriften der §§ 4 und 5 LStG. zur Anwendung zu bringen. Für Anträge auf Umschreibung von Gesellschaftseigentum auf den Namen eines Gesellschafters ist der Auflassungsstempel auch dann zu erheben, wenn nach den Vorschriften des bürgerlichen Rechtes eine Auflassung nicht erforderlich ist.

Die Wertstempelabgabe berechnet sich nach § 6 LStG. nach dem gemeinen Werte des veräußerten Gegenstandes zur Zeit des Eigentumswechsels — wobei der Wert des mitveräußerten beweglichen Beilasses außer Betracht bleibt — ohne Rücksicht auf die für besondere Zwecke vorgeschriebenen Abschätzungsgrundsätze, insbesondere also auch ohne Berücksichtigung der Schätzungsgrundsätze ritterschaftlicher Kreditanstalten. Der mündlich verabredete Kaufpreis oder die sonst mündlich verabredete Gegenleistung sind, sofern sie niedriger sind als der gemeine Wert, für die Berechnung des Wertstempels nicht maßgebend. Wenn jedoch der Kaufpreis oder der Gesamtwert der Gegenleistung unter Hinzurechnung des Wertes der ausbedungenen Leistungen oder vorbehaltenen Nutzungen den gemeinen Wert übersteigt, so ist der Wertstempel vom Kaufpreis oder vom Gesamtwerte der Gegenleistung zuzüglich des Wertes der ausbedungenen Leistungen und vorbehaltenen Nutzungen zu entrichten (§ 17 Abs. 3a LStG.).

§ 14. Vorlegung einer Urkunde über das Rechtsgeschäft.

Die Wertstempelabgabe bleibt unerhoben, wenn bei Aufnahme oder Einreichung der Auflassungserklärung die Urkunde über das zugrunde liegende Veräußerungsgeschäft (Kauf, Tausch, Schenkung usw.) versteuert oder unversteuert in Urschrift, Ausfertigung oder beglaubigter Abschrift vorgelegt wird, vorausgesetzt, daß es sich nicht um einen der im Abs. 4 Ziffer 1 bis 4 der Tarifstelle 8 aufgeführten Fälle handelt.

Die vorzulegenden Urkunden müssen in an sich stempelpflichtiger Form abgefaßt sein; es genügt also nicht die Beibringung eines steuerfreien

Briefwechsels. Privatschriftliche Grundstücksveräußerungsverträge sind trotz § 313 BGB. in an sich stempelpflichtiger Form abgefaßte Urkunden, da diese Verträge gültig und stempelpflichtig werden, sobald die Auflassung und Eintragung erfolgt ist.

Der Grundbuchrichter ist verpflichtet, die ihm vorgelegten Urkunden mit Rücksicht auf die vorschriftsmäßige Versteuerung sorgfältig zu prüfen. Ist eine die Erhebung des Wertstempels ausschließende Urkunde nicht oder nicht ausreichend versteuert, so hat er zunächst auf Grund des § 58 Nr. 6 PrGKG. zu bestimmen, ob und in welcher Höhe Sicherheit zu leisten ist und nötigenfalls das Erforderliche wegen der Sicherstellung nach der Allgemeinen Verfügung vom 15. September 1895 (JMBl. S. 272) zu veranlassen. Der zu der Urkunde nicht oder zu wenig verwendete Stempel ist in Gemäßheit des § 31 Abs. 1 PrGKG. nach den für Gerichtskosten geltenden Vorschriften einzuziehen. Wenn die Einreichung der nicht oder nicht genügend versteuerten Urkunde bei Gericht erst nach Ablauf der im § 16 des Stempelsteuergesetzes angegebenen Fristen stattgefunden hat, so ist zugleich unter Mitteilung des Eingangstags und einer Abschrift der Urkunde dem zuständigen Hauptzollamt Anzeige zu machen, welches das Weitere wegen einer etwa erforderlich erscheinenden Einleitung des Strafverfahrens herbeizuführen hat.

Wenn die vorgelegte Urkunde das Rechtsgeschäft nicht so enthält, wie es unter den Beteiligten hinsichtlich des Wertes der Gegenleistung verabredet ist und einem geringeren Stempel unterliegt, als die Beurkundung des wirklich verabredeten Rechtsgeschäfts erfordern würde, so ist die Urkunde oder eine einfache Abschrift von ihr dem zuständigen Hauptzollamte wegen der vorgekommenen Steuerhinterziehung zur weiteren Veranlassung nach § 17 Abs. 2 und 3 b LStG. zu übersenden. Steht der nach Inhalt der vorgelegten Urkunde verabredete Kaufpreis zu dem gemeinen Werte in einem so offenbaren Mißverhältnisse, daß der Verdacht der Stempelsteuerhinterziehung gerechtfertigt erscheint, so hat der Grundbuchrichter von den Parteien eine nähere Erklärung über die Gründe, welche für die Festsetzung des Kaufpreises maßgebend gewesen sind, zu erfordern. Bezüglich der Versteuerung sind diese Fälle nach den Vorschriften des § 16 dieser Verfügung und so zu behandeln, als wenn eine Urkunde überhaupt nicht vorgelegt worden wäre (Abs. 4 Ziffer 1 der Tarifstelle 8).

Ist in der vorgelegten Urkunde das Entgelt für die Grundstücksveräußerung in ausländischen Banknoten, ausländischem Papiergeld, ausländischen Geldsorten oder in Wertpapieren der unter Nummer 1, 2 und 3 des Tarifs zum Reichsstempelgesetze vom 3. Juni 1906 (RGBl. S. 695) bezeichneten Art verabredet, so ist insoweit die Urkunde dem Reichsstempel für Anschaffungsgeschäfte nach der Tarifnummer 4 des Reichsstempelgesetzes unterworfen, dagegen nach § 21 des bezeichneten Gesetzes vom Landesstempel befreit. An Stelle des wegfallenden landesgesetzlichen Urkundenstempels der Nummer 32 des Stempeltarifs ist aber, wenn der Auflassung die Urkunde zugrunde gelegt wird, nach der Vorschrift des Abs. 4 Ziffer 2 der Tarifstelle 8 der Auflassungsstempel zu erheben, insoweit nicht die Voraussetzungen der Ziffern 1 und 2 der Ermäßigungen und Befreiungen der Tarifstelle 32 vorhanden sind (Abs. 4 Ziffer 2 der Tarifstelle 8).

Enthält eine Urkunde eine Veräußerung eines Grundstücks durch einen Bevollmächtigen, so hat der Grundbuchrichter zu prüfen, ob die Veräußerung für Rechnung des Bevollmächtigten erfolgt ist, sofern die aus der Urkunde ersichtlichen oder ihm sonst bekannten Umstände des Falles einen Anlaß dazu bieten. Die Prüfung hat sich auch auf solche Umstände zu erstrecken, die aus der Urkunde nicht hervorgehen. Die zu diesem Zwecke erforderlichen Ermittelungen hat der Grundbuchrichter in der ihm geeignet erscheinenden Weise zu veranlassen. Insbesondere ist er auch befugt, hierzu die Hilfe der Hauptzollämter in Anspruch zu nehmen. Die Hauptzollämter haben derartigen Ersuchen ungesäumt zu entsprechen. Gelangt der Grundbuchrichter zu der Überzeugung, daß die Veräußerung für Rechnung des Bevollmächtigten geschehen ist, so hat er den Steuerpflichtigen von dem Ergebnisse seiner Ermittelungen zu benachrichtigen und die Erhebung des Auflassungsstempels zu veranlassen (Abs. 4 Ziffer 3 der Tarifstelle 8).

Bei der Vorlegung der in der Tarifstelle 25d bezeichneten Verträge wird der Auflassungsstempel insoweit erhoben, als nicht zu dem Vertrag ein Wertstempel von 1 v. H. zu entrichten ist. Es ist z. B. ein Auflassungsstempel von $^1/_2$ v. H. zu erheben, wenn ein nach Tarifstelle 25d Ziffer 2 Abs. 1 zu berechnender Vertragsstempel nach dem zweiten Absatze derselben Bestimmung zur Hälfte außer Ansatz bleibt. Der Auflassungsstempel wird jedoch nicht erhoben, wenn die vorgelegte Vertragsurkunde enthält:

a) die Überlassung von Rechten an dem Gesellschaftsvermögen an Personen, welche nach den Vorschriften des Gesetzes, betreffend die Erbschaftssteuer, vom 30. Mai 1873/19. Mai 1891 von der Zahlung der Erbschaftssteuer befreit sind;

b) die Rückgewähr der von einem Gesellschafter eingebrachten unbeweglichen Sachen oder ihnen gleichgeachteten Rechte an diesen Gesellschafter oder dessen Erben oder dessen Ehefrau, welche mit ihm in Gütergemeinschaft gestanden hat (Abs. 4 Ziffer 4 der Tarifstelle 8).

§ 15. Erklärung des Rechtsgeschäfts zum Protokolle.

Ist eine Urkunde zwar nicht eingereicht, von den Beteiligten aber das der Auflassung zugrunde liegende Veräußerungsgeschäft vor dem Grundbuchrichter zugleich in der Auflassungsverhandlung zu Protokoll erklärt, so finden die Bestimmungen des § 14 dieser Verfügung entsprechende Anwendung. Der erforderliche Stempel wird als Urkundenstempel zu der Auflassungsverhandlung erhoben.

§ 16. Verfahren bei Nichtvorlegung einer Urkunde.

Wird eine das Veräußerungsgeschäft enthaltende Urkunde nicht vorgelegt und das Veräußerungsgeschäft bei der Auflassung nicht protokollarisch aufgenommen, so hat der Grundbuchrichter die Beteiligten darüber zu vernehmen, ob sie eine Urkunde überhaupt nicht vorlegen wollen, und sie über die Folgen der Nichtvorlegung, insbesondere auch darüber zu belehren, daß der Entrichtung des Auflassungsstempels ungeachtet zu der Urkunde der gesetzlich erforderliche Stempel beizubringen ist. Es ist Pflicht des Grundbuchrichters, zu prüfen, ob im Falle der Beurkundung des Abkommens der Urkundenstempel niedriger sein würde als der Auflassungsstempel. Das ist beispielsweise der Fall bei Tauschverträgen, bei Kaufverträgen, in welchen eine Leistung an Erfüllungs Statt vereinbart ist, bei Verträgen zwischen Teilnehmern an einer Erbschaft zum Zwecke der Teilung und bei Verträgen, durch welche Grundstücke von Aszendenten auf Deszendenten oder eingekindschaftete Kinder übertragen werden (Tarifstelle 32 Abs. 2 Ziffer 1 und 3 und Ermäßigungen und Befreiungen Ziffer 1 und 2). Bei Schenkungen ist den Parteien in allen Fällen zu empfehlen, eine Urkunde über die Schenkung einzureichen, da die Reichsschenkungssteuer, soweit sie zu erheben ist, auch dann fällig wird, wenn eine Beurkundung nicht stattgefunden hat, und die Nichteinreichung einer Urkunde zur Folge hat, daß neben der etwaigen Schenkungssteuer der Auflassungsstempel zu erheben ist. Als Schenkungsurkunde genügt eine privatschriftliche Erklärung des Schenkers. Die Belehrung des Grundbuchrichters und die Erklärung der Beteiligten über die Vorlegung oder Nichtvorlegung der das Veräußerungsgeschäft enthaltenden Urkunde müssen in das Protokoll aufgenommen werden.

Wenn der Auflassung ein Kauf- oder Tauschgeschäft oder überhaupt ein entgeltliches Veräußerungsgeschäft im Sinne der Tarifstelle 32 LStG. zugrunde liegt, so muß das Protokoll ferner eine Belehrung der Beteiligten darüber enthalten, daß der anzugebende Wert nicht geringer sein darf, als der nach dieser Tarifstelle zu berechnende Betrag der vom Erwerber übernommenen Lasten und Leistungen mit Einschluß des Preises und unter Hinzurechnung der vorbehaltenen Nutzungen ausschließlich des für den beweglichen Beilaß festgesetzten Preises, und daß eine Zuwiderhandlung gegen diese Bestimmung nach § 17 Abs. 3a LStG. eine Geldstrafe in Höhe des zehnfachen Betrags des hinterzogenen Stempels nach sich zieht.

Der Grundbuchrichter hat sodann wegen der etwa erforderlich werdenden Sicherheitsleistung das Weitere, wie in § 14 dieser Verfügung vorgeschrieben, zu bestimmen, den Veräußerer und Erwerber zur Angabe des Wertes des veräußerten Gegenstandes aufzufordern und die gemachten Angaben im Protokolle zu vermerken.

Sind dem Grundbuchrichter die Bedingungen des Veräußerungsgeschäfts glaubwürdig bekannt geworden, und übersteigt der aus diesen Bedingungen sich ergebende Wert den von den Beteiligten angegebenen, so ist der Auflassungsstempel von dem aus dem Veräußerungsgeschäfte sich ergebenden Werte einzuziehen, vorausgesetzt, daß dieser nicht niedriger ist, als der gemeine Wert des veräußerten Gegenstandes. Dem zuständigen Hauptzollamt ist behufs Erwägung, ob nach § 17 Abs. 2 und 3a LStG. ein Strafverfahren einzuleiten ist, von dem Sachverhalt Anzeige zu machen.

In allen anderen Fällen veranlaßt der Grundbuchrichter, wenn er Bedenken trägt, die gemachten Wertangaben als richtig anzunehmen, die Wertermittelung in Gemäßheit des § 7 Abs. 3 LStG. nach seinem Ermessen, erforderlichenfalls durch Vernehmung von Sachverständigen oder in sonst geeigneter Weise. Die Hauptzollämter haben etwaigen Ersuchen der Grundbuchrichter um Ermittelung des Wertes ungesäumt zu entsprechen.

Wird nachträglich die Urkunde über das Veräußerungsgeschäft vorgelegt, so ist nach § 14 dieser Verfügung zu verfahren mit der Maßgabe, daß die Prüfung der Urkunde dem Gerichtsschreiber obliegt. Dieser hat die Aussetzung der Zwangsbeitreibung und unter Umständen die Niederschlagung des Stempels herbeizuführen. Ist die Zahlung des Auflassungsstempels bereits erfolgt, so ist für das Verfahren § 9 Abs. 2a dieser Verfügung maßgebend.

Behufs Überwachung, ob die von den Parteien zur Ausschließung des Auflassungsstempels bei den Gerichten eingereichten Urkunden in vorschriftsmäßiger Weise versteuert worden sind, haben die Amtsgerichte eine stempel- und kostenfreie beglaubigte Abschrift der Urkunde zu den Grundakten fertigen zu lassen.

§ 17. Überwachung der Stempelerhebung.

Mit Rücksicht auf die nach § 27 Abs. 3 LStG. für die Beanstandung des Wertes des veräußerten Gegenstandes bestimmte dreijährige Frist haben die Amtsgerichte demjenigen Hauptzollamt, in dessen Bezirke sie ihren Sitz haben, über die Fälle, in denen die Versteuerung einer Auflassung auf Grund einer Wertangabe (Tarifstelle 8 Abs. 1 und 2, § 16 dieser Verfügung) stattgefunden hat, vierteljährlich eine von dem Gerichtsschreiber der Richtigkeit nach zu bescheinigende Liste*) nach dem anliegenden Muster zu übersenden, und zwar ohne Anschreiben unter Briefumschlag. In die Liste der Auflassungen sind nur solche Auflassungen aufzunehmen, bei denen die Versteuerung lediglich auf Grund der von den Beteiligten gemachten Wertangaben erfolgt ist, dagegen sind diejenigen Auflassungen von der Aufnahme auszuschließen, hinsichtlich deren der Stempel auf Grund einer gerichtlichen Festsetzung des Wertes berechnet ist. Die Spalten 1 bis 15 der Liste enthalten eine Abschrift der Eigentumsveränderungsliste (AVf. vom 25. März 1890 — JMBl. S. 109). Die Angaben in Spalte 16 sind in den Spalten 16 und 17 der Eigentumsveränderungsliste, diejenigen in den Spalten 17 bis 19 dem Grundbuch oder den Grundakten zu entnehmen. Den Oberzolldirektionen ist überlassen, mit den Oberlandesgerichtspräsidenten in Verbindung zu treten, falls etwa nach den örtlichen Verhältnissen die Mitteilung noch weiterer, für die Beurteilung der Wertangaben wichtiger Umstände erforderlich erscheinen sollte. Zu diesen Mitteilungen kann die Spalte „Bemerkungen" benutzt werden.

Um die Absendung der Eigentumsveränderungsliste an das Katasteramt nicht aufzuhalten, sind die für die Liste der Auflassungen erforderlichen Angaben alsbald in diese aufzunehmen. Zur Anfertigung der Liste der Auflassungen kann die Hilfe der Kanzlei in Anspruch genommen werden. Ihre Absendung erfolgt bis zum letzten Tage desjenigen Monats, welcher auf den von der Liste umfaßten Zeitraum folgt. Geht nach der Absendung der Liste bezüglich einer in diese aufgenommenen Auflassung

*) Ist hier nicht abgedruckt.

die Urkunde über das Veräußerungsgeschäft ein, so daß ein Auflassungsstempel nicht zu erheben ist, so hat der Gerichtsschreiber dem Hauptzollamte hiervon Mitteilung zu machen.

In die Liste sind diejenigen Auflassungen nicht aufzunehmen, bei welchen der angegebene Wert für Grundstücke in Berlin 1000 Mark, für Grundstücke an anderen Orten 300 Mark nicht übersteigt. Die Grundbuchrichter haben jedoch auch in diesen Fällen gemäß § 16 Abs. 6 ihr Augenmerk darauf zu richten, ob die Wertangabe dem wirklichen Werte entspricht und, falls sich Bedenken ergeben, den wirklichen Wert entweder selbst oder durch das zuständige Hauptzollamt zu ermitteln. Auch die Stempelprüfungspflicht der Rechnungsrevisoren und der Vorstände der Stempelsteuerämter wird durch die gegenwärtige Anordnung nicht berührt.

Sind während eines Vierteljahrs Auflassungen auf Grund einer Wertangabe nicht zur Versteuerung gekommen, so hat das Amtsgericht dem Hauptzollamte hiervon Mitteilung zu machen.

Die Hauptzollämter haben, insoweit ihnen aus den zugegangenen Mitteilungen Bedenken gegen die Angemessenheit der Werte entstehen, die Ermittelung des wirklichen gemeinen Wertes tunlichst kostenfrei vorzunehmen. Alle unmittelbaren und mittelbaren Behörden und Beamten, insbesondere auch die Behörden der Katasterverwaltung, sind verpflichtet, auf alle die Ermittelung von Grundstückswerten betreffenden Anfragen bereitwilligst Auskunft zu erteilen (§ 7 Abs. 5 LStG.).

Die Liste der Auflassungen eines Vierteljahrs nebst den entstandenen Verhandlungen wird spätestens bis zum Ende des darauf folgenden Vierteljahrs der Oberzolldirektion eingereicht, welche die weitere Prüfung der Verhandlungen durch den Vorstand des Stempelsteueramts vornehmen läßt, die zu entrichtenden Stempelbeträge, wenn sie die angegebenen Werte für zu niedrig erachtet, anderweit festsetzt und wegen der von dem Amtsgericht zu bewirkenden Einziehung des Mehrbetrags die weitere Anordnung erläßt. Die Listen der Auflassungen in den Bezirken der ehemaligen Amtsgerichte I und II Berlin sind spätestens bis zum letzten Tage desjenigen Monats, welcher auf den von der Liste umfaßten Zeitraum folgt, mit den Belegsakten und einer gutachtlichen Äußerung dem Stempelsteueramt in Berlin vorzulegen, welches die Nachprüfung — nötigenfalls durch weitere Erörterung mit den Amtsgerichten — veranlaßt und nach Beendigung der Prüfung die Verhandlung der Oberzolldirektion zur Festsetzung der nachzufordernden Wertstempel oder sonstigen Erledigung der Revisionsangelegenheit einreicht.

Die Beschwerde gegen die Festsetzungsverfügung ist zunächst an die Oberzolldirektion und gegen ihre darauf ergehende Entscheidung an den Finanzminister zu richten, welcher im Einverständnisse mit dem Justizminister die weitere Entscheidung trifft. Wird gegen diese Entscheidungen der Rechtsweg beschritten, so ist die Klage gegen den durch den Oberstaatsanwalt vertretenen Justizfiskus zu erheben.

Den Oberzolldirektionen bleibt es überlassen, etwa erforderlich erscheinende nähere Ausführungsbestimmungen im Einverständnisse mit den Präsidenten der Oberlandesgerichte zu treffen. Von derartigen Bestimmungen ist von den Präsidenten der Oberlandesgerichte eine Abschrift an den Justizminister und von der Oberzolldirektion eine Abschrift an den Finanzminister einzureichen.

Eine Abänderung einer gerichtlichen Entscheidung über die Wertfestsetzung bei der Auflassung kann nur nach Maßgabe der §§ 26, 27, 30 PrGKG. durch eine von Amts wegen oder auf Beschwerde ergangene gerichtliche Entscheidung erfolgen. Der Zollbehörde steht in diesen Fällen die Befugnis, eine anderweite Wertfestsetzung zu treffen, nicht zu. Falls sie auf Grund anderweit erhaltener Kenntnis zur Ermittelung eines höheren Wertes gelangen sollte, hat sie dem zuständigen Landgerichtspräsidenten hiervon Kenntnis zu geben; die Vorschriften in § 23 Abs. 5, 6 dieser Verfügung finden entsprechende Anwendung.

§ 18. Anrechnung des Auflassungsstempels auf den Stempel einer nachträglich errichteten gerichtlichen Urkunde.

Soll in Gemäßheit der Tarifstelle 8 Abs. 5 LStG. die Anrechnung des für eine Auflassung gezahlten Stempels auf den zu einer nachträglich vor Gericht errichteten oder ihrem Inhalte nach anerkannten Urkunde über das der Auflassung zugrunde liegende Rechtsgeschäft erforderlichen Wertstempel zu 1 v. H. erfolgen, so ist die Bescheinigung über die Zahlung des Stempels vorzulegen. Der Gerichtsschreiber hat alsdann zu prüfen, ob das beurkundete Rechtsgeschäft mit dem der Auflassung zugrunde liegenden übereinstimmt. Ergeben sich in dieser Beziehung keine Bedenken, so wird auf der Urkunde der bereits entrichtete Stempel bescheinigt, und nur der etwa überschießende Betrag als Gerichtsgebühr eingezogen. Auf der Ausfertigung ist der Betrag des angerechneten Stempels und des außerdem zu den Gerichtskosten berechneten Stempels in getrennten Beträgen nach Vorschrift des § 10 dieser Verfügung zu vermerken. Die beigebrachte Bescheinigung über die Bezahlung des Wertstempels ist zu den Akten zu nehmen.

B. Stempel für Eintragungsanträge.

§ 19. Anwendung der Vorschriften unter A.

Wegen der Versteuerung der Anträge auf Eintragung einer Hypothek oder Grundschuld oder einer wiederkehrenden Geldleistung sowie auf Eintragung der Verpfändung oder Abtretung einer Hypothek oder Grundschuld (Tarifstelle 58 III und 2 Abs. 4 bis 8) finden die Vorschriften der §§ 14 bis 16 dieser Verfügung Anwendung. Der § 13 der Kassenordnung erstreckt sich insbesondere auch auf die als Gerichtsgebühr zu berechnenden Stempel.

Nach Tarifstelle 58 III Abs. 3 bleibt der Stempel des Abs. 1 daselbst bei einem Antrag auf Eintragung einer Hypothek für die Ansprüche aus Anleiheteilschuldverschreibungen unerhoben, wenn

1. dem Grundbuchamt innerhalb eines Monats vom Tage des Einganges des Eintragungsantrags ab die Bescheinigung der Zollbehörde darüber vorgelegt wird, daß die durch § 3 des Reichsstempelgesetzes vorgeschriebene vorläufige Anmeldung der Versteuerung erfolgt ist,
2. innerhalb einer Frist von drei Monaten von dem Tage der Vorlegung der zu 1 bezeichneten Bescheinigung auf einem als beglaubigte Abschrift herzustellenden Formulare der Teilschuldverschreibungen seitens der zuständigen Steuerabstempelungsstelle die Vorlegung und die nach dem Reichsstempelgesetz erfolgte Versteuerung der sämtlichen die Hypothek erschöpfenden Teilschuldverschreibungen bescheinigt ist, und
3. die zu 2 bezeichnete Bescheinigung der Steuerabstempelungsstelle innerhalb 4 Wochen nach dem Tage des Ablaufs der dreimonatigen Frist dem Grundbuchamte vorgelegt wird.

Die Einforderung des Stempels ist im Geschäftskalender zu überwachen. Zu diesem Zwecke ist zunächst eine Frist von einem Monat und nach Vorlegung der Bescheinigung über die vorläufige Anmeldung der Versteuerung eine Frist von vier Monaten zu notieren.

Ist die Frist von einem Monate verstrichen, ohne daß die Bescheinigung über die vorläufige Anmeldung der Versteuerung erfolgt ist, so ist der Stempel einzuziehen. Ebenso ist zu verfahren, wenn die Bescheinigung der Steuerabstempelungsstelle nicht innerhalb der dreimonatigen Frist ausgestellt oder die Einreichungsfrist von vier Wochen nicht innegehalten worden ist.

Hinsichtlich der Anrechnung des zu einem Eintragungsantrag entrichteten Stempels auf denjenigen Stempel, welchem die nachträglich über das zugrunde liegende Geschäft errichtete Urkunde unterliegt, ist gemäß § 18 dieser Verfügung zu verfahren.

C. Stempel für Zuschlagsbeschlüsse im Zwangsversteigerungsverfahren.

§ 20. Belehrung der Parteien.

Im Verfahren der Zwangsversteigerung hat der Richter in den Fällen, in denen voraussichtlich ein erheblicher Teil des Kaufpreises nicht auf das Grundstück, sondern auf Gegenstände entfällt, deren Veräußerung einem geringeren als dem einprozentigen Stempel unterliegt, zugleich mit der Verkündung des Schlusses der Versteigerung (§ 73 Abs. 2 des Gesetzes über die Zwangsversteigerung) den Ersteher darauf hinzuweisen, daß er berechtigt sei, binnen zwei Wochen nach der Verkündung des Zuschlagsbeschlusses oder, falls der Zuschlag durch Beschluß des Beschwerdegerichts erteilt werde, nach der Zustellung des Beschlusses an den Ersteher zum Zwecke der Stempelberechnung gesonderte Werte für das Grundstück und die mitversteigerten beweglichen Sachen dem Gerichte schriftlich anzuzeigen. Hierbei ist er auch darüber zu belehren, daß, wenn eine solche Anzeige nicht erfolgt, der Stempel von 1 v. H. nach dem ganzen Betrage des Meistgebots oder dem Werte des Gegenstandes erhoben wird. Über die erfolgte Belehrung ist ein Vermerk in das Protokoll aufzunehmen. Falls gegen die innerhalb der Frist angezeigten Einzelwerte Bedenken nicht bestehen, sind diese der Stempelberechnung zugrunde zu legen.

Bei Beginn des Versteigerungstermins hat der Richter die Beteiligten ferner darauf hinzuweisen, daß der Stempel für die Beurkundung einer etwaigen Abtretung der Rechte aus dem Meistgebot oder der Erklärung des Meistbietenden, daß er für einen andern geboten habe, 1 v. H. betrage und sich nur dann auf 3 Mark ermäßige, wenn die Abtretung der Rechte aus dem Meistgebot oder die Erklärung, für einen andern geboten zu haben, in dem Versteigerungstermin erfolge, oder wenn ein Gläubiger Meistbietender sei, welchem eine durch ein geringeres Gebot nicht oder nicht völlig gedeckte Hypothek, Grundschuld oder Rentenschuld zustehe (Tarifstelle 32 Abs. 9).

Wegen der Berechnung des Stempels und der Gerichtsgebühren für Zuschlagsbeschlüsse im Zwangsversteigerungsverfahren vgl. § 6 Abs. 4 dieser Verfügung.

D. Stempel für Schenkungen.

§ 21.

Bezüglich der Versteuerung von Schenkungen bleiben, soweit es sich um einen vor dem 1. Juli 1906 begründeten Erwerb handelt, die bisherigen Vorschriften maßgebend. Im übrigen findet eine Vereinnahmung von Schenkungsstempeln zu den Gerichtskosten nicht statt (vgl. AVf. vom 26. Juni 1906 — JMBl. S. 174, ZBl. S. 1207 —).

IV. Prüfung des Stempelansatzes.

§ 22. Prüfungspflicht der Gerichte.

Von besonderer Wichtigkeit für die ordnungsmäßige Führung der Stempelsteuerverwaltung ist die gewissenhafte Erfüllung der den Behörden und Beamten mit richterlicher oder Polizeigewalt durch das Gesetz auferlegten Verpflichtung, auf Befolgung der Stempelgesetze zu halten und alle bei ihrer Amtsverwaltung bekannt gewordenen Zuwiderhandlungen behufs Einleitung des Strafverfahrens zur Anzeige zu bringen. Dies gilt namentlich von den Gerichtsbehörden mit Rücksicht auf die zahlreich bei ihnen vorkommenden stempelpflichtigen Urkunden. Die Gerichte haben sich die sorgfältige Erfüllung der ihnen in dieser Richtung durch das Gesetz auferlegten Obliegenheiten besonders angelegen sein zu lassen und, wenn in den Terminen bezüglich der vorgelegten und sofort zurückzugebenden Urkunden die zur Prüfung der Stempelpflichtigkeit erforderliche Zeit fehlt, diese Prüfung den Gerichtsschreibern zu übertragen. Es ist unstatthaft, unversteuerte oder nicht ausreichend versteuerte Urkunden vor erfolgter Prüfung der Stempelpflichtigkeit und aktenmäßiger Feststellung des Ergebnisses den Beteiligten auszuantworten.

Die Gerichtsschreiber haben auch die sonst zu den Akten gelangten oder auf der Gerichtsschreiberei niedergelegten Urkunden bei Aufstellung der Kostenrechnungen oder, wenn die Rückgabe der Urkunden früher erfolgt, vor deren Aushändigung in bezug auf die Stempelverwendung zu prüfen. Insbesondere sind auch die in den Handakten der Rechtsanwälte etwa befindlichen Urkunden einer Prüfung zu unterziehen, sofern diese Akten aus irgendeinem Grunde bei den Gerichten zur Vorlage kommen.

Über die Bemerkungen, zu welchen die Prüfung über die Stempelverwendung Anlaß gegeben hat, ist von den Gerichtsschreibern ein kurzer Vermerk aufzunehmen, welcher bei den Amtsgerichten dem aufsichtführenden

Amtsrichter, bei dem Amtsgericht Mitte in Berlin dem Amtsgerichtspräsidenten, und bei den Kollegialgerichten dem Präsidenten zur Kenntnisnahme und Übersendung an die zuständige Zollbehörde vorzulegen ist.

Außerdem sind die mit den Geschäften in Zivilprozeßsachen und im Konkursverfahren betrauten Gerichtsschreiber verpflichtet, von jedem zu den Akten gelangenden oder zu ihrer amtlichen Kenntnis kommenden schriftlichen oder mündlichen Pacht- oder Mietvertrage, bei welchen der jährliche Zins oder die jährliche Nutzung den Betrag von 360 Mark übersteigt, in betreff des Datums des Vertrags und der Namen der Vertragschließenden, sowie der Bezeichnung des Gegenstandes des Vertrags Vermerke zu einer nach dem beiliegenden Formular 2*) zu führenden Nachweisung zu entnehmen, welche innerhalb des ersten Monats eines jeden Vierteljahrs, von dem Gerichtsschreiber mit Datum und Unterschrift versehen, demjenigen Stempelsteueramt, in dessen Geschäftsbezirke die betreffende Gerichtsbehörde ihren Sitz hat, unter Briefumschlag zu übersenden ist. Die erfolgte Absendung ist fortlaufend in einem zu diesem Zwecke zu führenden Aktenstück unter Angabe des Zeitraums, auf welchen sich die Nachweisung erstreckt, zu vermerken. Wenn im Laufe eines Vierteljahrs keine Verträge, von denen Vermerke zu entnehmen sind, bekannt geworden sind, so bedarf es einer Anzeige hierüber nicht, jedoch ist in der nächsten Nachweisung zu bescheinigen, daß in den früheren Vierteljahren Verträge der gedachten Art nicht zur Kenntnis des Gerichtsschreibers gelangt sind. Die Formulare zu den Nachweisungen werden den Gerichten von den Zollbehörden geliefert.

Die Nachweisungen dienen dazu, den Stempelsteuerämtern bei Prüfung der nach der Tarifstelle 48 I LStG. von den Verpächtern usw. zur Versteuerung zu bringenden Pacht- und Mietverzeichnisse einen Anhalt zu gewähren.

Über alle nachträglichen Erhöhungen des Grund- oder Stammkapitals von Aktiengesellschaften und Kommanditgesellschaften auf Aktien oder von Gesellschaften mit beschränkter Haftung hat der Gerichtsschreiber des Registergerichts dem zuständigen Stempelsteueramt unter Bezeichnung der Firma und unter Angabe des Betrags, um welchen das Kapital nachträglich erhöht worden ist, eine kurze Mitteilung zu machen.

Wird ein nach dem letzten Absatze der Tarifstelle 77 LStG. stempelfrei ausgestelltes amtliches Zeugnis bei Gericht zu einem anderen als

*) Ist hier nicht abgedruckt.

dem aus der Urkunde hervorgehenden Zwecke vorgelegt, so hat das Gericht hiervon dem zuständigen Hauptamte zum Zwecke der Einziehung des Stempels Mitteilung zu machen. Diese Bestimmung findet auf beglaubigte Abschriften (Tarifstelle 1) entsprechende Anwendung.

§ 23. Stempelrevision.

Die Aufsicht über das gerichtliche Stempelwesen durch die Vorstände der Justizbehörden und die Revision des Stempelansatzes durch die Rechnungsrevisoren erfolgt nach Maßgabe der Allgemeinen Verfügung des Justizministers vom 28. Februar 1885 (JMBl. S. 90, ZBl. S. 82). Die in Gemäßheit der §§ 11 bis 13 der vorerwähnten Verfügung von den Präsidenten der Oberlandesgerichte den Oberzolldirektionen mitzuteilenden Berichte der Rechnungsrevisoren über die Revision des Stempelansatzes überweisen die Oberzolldirektionen zunächst den Vorständen der Stempelsteuerämter zur Prüfung und senden dieselben sodann mit ihren gutachtlichen Bemerkungen den Präsidenten der Oberlandesgerichte zurück. Letztere haben von den ihrerseits erteilten Weisungen den Oberzolldirektionen Mitteilung zu machen. Entstehen über Fragen von wichtiger und grundsätzlicher Bedeutung Meinungsverschiedenheiten, so haben die Präsidenten der Oberlandesgerichte an den Justizminister zu berichten. Nach Vereinbarung kann der Bericht auch von den Oberzolldirektionen an den Finanzminister erstattet werden.

Im übrigen liegt die nähere Aufsicht über die gehörige Beobachtung des Stempelsteuergesetzes den Vorständen der Stempel- und Erbschaftssteuerämter ob.

Zu den besonderen Obliegenheiten der Vorstände der Stempelsteuerämter gehört die Vornahme der Stempelrevisionen innerhalb ihrer Geschäftsbezirke, bei welchen sich die Vorstände der Mithilfe ihrer Beamten bedienen können. Ob den Revisionen, welche in der Regel an dem Orte, wo die zu revidierenden Behörden oder Beamten ihren Sitz haben und die stempelpflichtigen Verhandlungen sich befinden, vorzunehmen sind, eine Anmeldung vorauszugehen hat, bleibt dem Ermessen der Vorstände überlassen. Die revisionspflichtigen Behörden haben, sobald sie von dem Vorstande des Stempelsteueramts von der Abhaltung der Revision in Kenntnis gesetzt werden, dafür Sorge zu tragen, daß die Revision ohne allen Aufenthalt begonnen und vollständig ausgeführt werden kann. Zu diesem Zwecke sind dem Revisor alle Urkunden, Akten, sowie überhaupt alle Schriftstücke, welche für die Revision von Belang sind, zur Einsicht vorzulegen, auch ist ihm und seinen Beamten jede gewünschte Auskunft zu erteilen und ein angemessener Raum für die Erledigung seiner Obliegenheiten zur Verfügung zu stellen. Urkunden, öffentliche Bücher, Akten usw., welche nicht von besonderem Werte sind und deshalb eine besondere Verwahrung nicht erfordern, sind dem Revisor auf Verlangen auch in seine Wohnung zu verabfolgen und, falls sie nicht durch Beamte der revidierten Stelle befördert werden können, vor der Verabfolgung zu versiegeln. Die Einsendung der Akten behufs Revision nach dem Amtssitze der Vorstände der Stempelsteuerämter darf nur insoweit beansprucht werden, als die Versendung ohne Nachteil für den Geschäftsgang bei der revidierten Stelle stattfinden kann. Über das Ergebnis der Revision ist eine von der revidierten Stelle nicht zu unterzeichnende Verhandlung aufzunehmen.

Die bei den Gerichten abzuhaltenden Stempelrevisionen haben die daselbst vorgefundenen außergerichtlichen Urkunden, insoweit zu ihnen der Stempel nicht bei den Gerichtskosten zu verrechnen war, zum Gegenstande. Die Abwicklung der in dieser Beziehung gezogenen Erinnerungen erfolgt ohne Mitwirkung der Gerichte. Nur wenn die Herausgabe der den Gegenstand der Erinnerungen bildenden Urkunden aus Anlaß von Beschwerden oder aus anderen Gründen im Laufe des Revisionsverfahrens erforderlich wird, haben die Gerichte die betreffenden Urkunden an die zuständige Behörde der Zollverwaltung abzugeben. Im übrigen liegt die Erledigung dieser Erinnerungen lediglich den Vorständen der Stempelsteuerämter ob. Nach Einziehung und Verwendung der nachgeforderten Stempel teilen sie der Gerichtsbehörde die zu den einzelnen Urkunden eingezogenen Stempelbeträge mit, wobei die gerichtlichen Akten und die Blätter, welche die Urkunden in ihnen einnehmen, zu bezeichnen sind. Die Gerichtsschreiber haben zu jeder einzelnen Urkunde den nachträglich eingezogenen Betrag unter Hinweis auf die Nummer des Schreibens des Vorstandes des Stempelsteueramts zu vermerken.

Die Vorstände der Stempelsteuerämter sind verpflichtet, Unrichtigkeiten, die sie gelegentlich der Revisionen hinsichtlich des Ansatzes der als Gerichtskosten zu erhebenden Stempelbeträge bemerken, der zuständigen Gerichtsbehörde zur geschäftsmäßigen weiteren Veranlassung mitzuteilen. Die Mitteilungen erfolgen an den Präsidenten des Landgerichts — bezüglich des Amtsgerichts Mitte in Berlin an den Amtsgerichtspräsidenten — und, falls die Stempel von dem Gerichtsschreiber des Oberlandesgerichts in Ansatz gebracht sind, an den Präsidenten des Oberlandesgerichts. Den Vorständen der Stempelsteuerämter ist von dem, was auf ihre Bemerkungen veranlaßt worden ist, Kenntnis zu geben.

Wird seitens der Vorstände der Stempelsteuerämter den Bemerkungen eine besondere Wichtigkeit beigelegt, so ist den Präsidenten eine Mitteilung nicht zu machen, sondern der Oberzolldirektion Anzeige zu erstatten. Dieser bleibt überlassen, die Bemerkungen dem Präsidenten des Oberlandesgerichts zur Kenntnisnahme und weiteren Veranlassung zu übersenden oder, wenn die Bemerkungen Fragen von grundsätzlicher Bedeutung zum Gegenstande haben, mit der Übersendung das Ersuchen um Benachrichtigung von der getroffenen Entschließung zu verbinden. Die Präsidenten haben bei der Mitteilung ihrer Entschließung im Falle einer abweichenden Auffassung auch deren Gründe anzugeben. Über die Punkte, bei denen ein Einverständnis nicht erreicht wird, ist von der Oberzolldirektion an den Finanzminister zu berichten.

§ 24. Strafverfahren.

Auf Grund des § 19 LStG. finden die Vorschriften des Verwaltungsstrafgesetzes vom 26. Juli 1897 (GS. S. 237) auch auf die Festsetzung der Stempelstrafen gegen Gerichtsbeamte und Notare durch die Aufsichtsbehörden mit der Maßgabe Anwendung, daß, soweit nicht eine dem Landgerichtspräsidenten vorgesetzte Behörde als Aufsichtsbehörde zuständig ist, die Untersuchung und die Festsetzung der Strafe durch den Präsidenten des Landgerichts und die Entscheidung über Beschwerden durch den Justizminister erfolgt (§ 60 des Verwaltungsstrafgesetzes vom 26. Juli 1897).

Der Strafbescheid ist nach anliegendem Muster zu erlassen. In dem Strafbescheide sind dem Beschuldigten die Kosten des Verfahrens aufzuerlegen (§§ 45 bis 47 des Gesetzes vom 26. Juli 1897). Als Kosten des Verfahrens kommen nach § 45 bare Auslagen nach Maßgabe der §§ 113, 114 PrGKG., insbesondere Schreibgebühren und Postgebühren, zum Ansatze; bare Auslagen sind auch für die von Amts wegen erfolgenden Zustellungen anzusetzen, da § 118 PrGKG. nicht für anwendbar erklärt ist. Der Ausfertigungsstempel für Strafbescheide und Beschwerdebescheide ist nur zu erheben, wenn der Betrag der Strafe einhundertfünfzig Mark übersteigt.

Der Strafbescheid ist durch Zustellung oder durch Verkündung (Eröffnung zum Protokolle) bekannt zu machen.

Für die Ausführung von Zustellungen gelten die Bestimmungen der Zivilprozeßordnung über Zustellungen von Amts wegen.

Die festgesetzten Ordnungsstrafen nebst den Kosten des Verfahrens, einschließlich des Ausfertigungsstempels und der dem Beschwerdeführer im Beschwerdebescheide zur Last gelegten Kosten werden von der Gerichtskasse vereinnahmt.

Die Landgerichtspräsidenten werden ermächtigt, von der Festsetzung einer Ordnungsstrafe abzusehen, wenn nach den Umständen des Falles, insbesondere mit Rücksicht auf die Zweifelhaftigkeit der Verpflichtung zur Entrichtung eines Stempels, die Zuwiderhandlung gegen die Vorschriften des Stempelsteuergesetzes nach ihrem pflichtmäßigen Ermessen als entschuldbar erscheint. Hat der Vorstand des Stempelsteueramts bei einer zu seiner Kenntnis gelangten Zuwiderhandlung von Stellung eines Strafantrags Abstand genommen, so hat die Festsetzung einer Ordnungsstrafe zu unterbleiben.

§ 25. Strafvollstreckung.

Der Finanzminister und die Provinzialzollbehörden sind nach Nr. 2 des Allerhöchsten Erlasses vom 26. September 1897 (GS. S. 402) befugt, nach ihrem pflichtmäßigen Ermessen im Wege der Nachsicht die verwaltungsseitige und die gerichtliche Strafvollstreckung bei Zuwiderhandlungen gegen die Stempelgesetze auszusetzen sowie Strafunterbrechung und Strafteilung zu gestatten. Diese Befugnis erstreckt sich zugleich auf die Kosten des Verfahrens. Die beteiligten Justizbehörden haben ihren desfallsigen Anträgen Folge zu leisten.

Berlin, den 6. Juli 1909.

Der Finanzminister.
Frh. von Rheinbaben.

Der Justizminister.
Dr. Beseler.

Formular 3 (zu § 24).

Der Landgerichtspräsident.

................................, den

Strafbescheid.

In der Stempelstrafsache
gegen ....
wird gegen den Beschuldigten auf Grund des § 19 des Stempelsteuergesetzes vom 31. Juli 1895 in der Fassung der Bekanntmachung vom 30. Juni 1909 (Gesetzsamml. 1909 S. 535) eine Ordnungsstrafe von .... Mark, in Buchstaben: „.............................. Mark“ festgesetzt.

Der Beschuldigte hat die Kosten des Verfahrens zu tragen.

Gründe.*)

Gegen diesen Strafbescheid steht dem Beschuldigten offen, nach seiner Wahl entweder

den Antrag auf gerichtliche Entscheidung oder
die Beschwerde an den Herrn Justizminister

binnen einer Woche nach der Bekanntmachung dieses Strafbescheids bei mir oder bei der Behörde, welche den Strafbescheid bekanntgemacht hat, anzubringen. Die Ergreifung des einen Rechtsmittels hat den Ausschluß des andern zur Folge.

Wird keines der bezeichneten Rechtsmittel rechtzeitig an zuständiger Stelle eingelegt, so wird der Strafbescheid vollstreckbar. Die Strafe mit den sich aus anliegender Berechnung ergebenden Kosten des Verfahrens

*) In den Gründen sind auch die Beweismittel anzugeben.

ist binnen einer Woche nach Eintritt der Vollstreckbarkeit, bei Vermeidung der Zwangsvollstreckung, an die Gerichtskasse in .... zu zahlen.

Berechnung:

Es sind zu zahlen:

1. Strafe . . . . Mark .... Pf.

2. Kosten:

a) Stempel . . . . Mark .... Pf.

b) Postgebühren . . .. " "

c) Schreibgebühren . " "

d) Sonstige Auslagen .... " .... "

zusammen . . . . " .... "

Summe . . . . Mark .... Pf.

Sachregister.

(Die Zahlen bedeuten die Seiten. Die Seitenzahlen des Gesetzes vom 26./30. Juni 1909 beginnen mit 475.)

A.

B.

C.

Siehe auch Z und K.

D.

E.

F.

G.

H.

J.

K.

L.

M.

N.

O.

P.

Pacht- und Mietverträge.

A. Früheres Gesetz.

B. Jetziges Gesetz.

Q.

R.

U.

V.

Z.

Herrosé & Ziemsen, G. m. b. H., Wittenberg.